케이블루의 두 번째
동화 같은 자수 이야기

케이블루의 두 번째
동화 같은 자수 이야기

김소영 지음

팜파스

어릴 적 막연하게 화가, 디자이너 그리고 혹은 동화작가를 꿈꾸었습니다.
파스텔톤을 좋아하고, 예쁜 만화영화나 동요를 좋아하고, 아이를 좋아하고,
꽃을 좋아하고….
그러다 보니 저의 도안들은 대부분 파스텔톤의 꽃이나 사랑스러운 동물, 아이
가 소재로 많이 등장해요.
가끔은 벗어나고 싶어 다른 도전을 해보기도 하지만, 동화 같은 느낌이 물씬
풍기는 도안이 완성되었을 때 가장 성취감과 희열을 느끼게 됩니다.

2015년에 《케이블루의 동화 같은 프랑스 자수》를 출간하고 6년 만에 《케이블
루의 두 번째 동화 같은 자수 이야기》를 작업하면서 첫 설렘, 첫 경험, 첫 작품
에 대한 생각들을 내내 하게 되었답니다.
출판사에서 첫 연락을 받고 방방 뛰며 좋아하던 기억이 엊그제 같은데, 책을
출간한지 5년, 그리고 이 책이 어느새 8번째 책이 되었네요.
아직도 실감이 나지 않고, 많이 부족하다 생각하고, 늘 아쉬움이 남는 작업들
이지만, 그러기에 자꾸자꾸 더 앞으로 나아가지는 원동력이 되는 것 같아요.

2020년은 특히나 코로나19로 인하여 전 세계가 힘든 나날들이 이어지고, 많
은 제약으로 인해 저도 일을 제대로 하지 못해서 슬럼프를 겪기도 했지만, 이
책을 정리하면서 다시 한번 초심을 생각하게 되었습니다.

'다시 시작'이라는 키워드로,
새로운 한해를 준비하며

케이블루

contents

K. Blue's Embroidery

케이블루의
동화 같은 프랑스 자수

Basic

자수를
시작하기 전에

자수에 필요한 재료와 도구

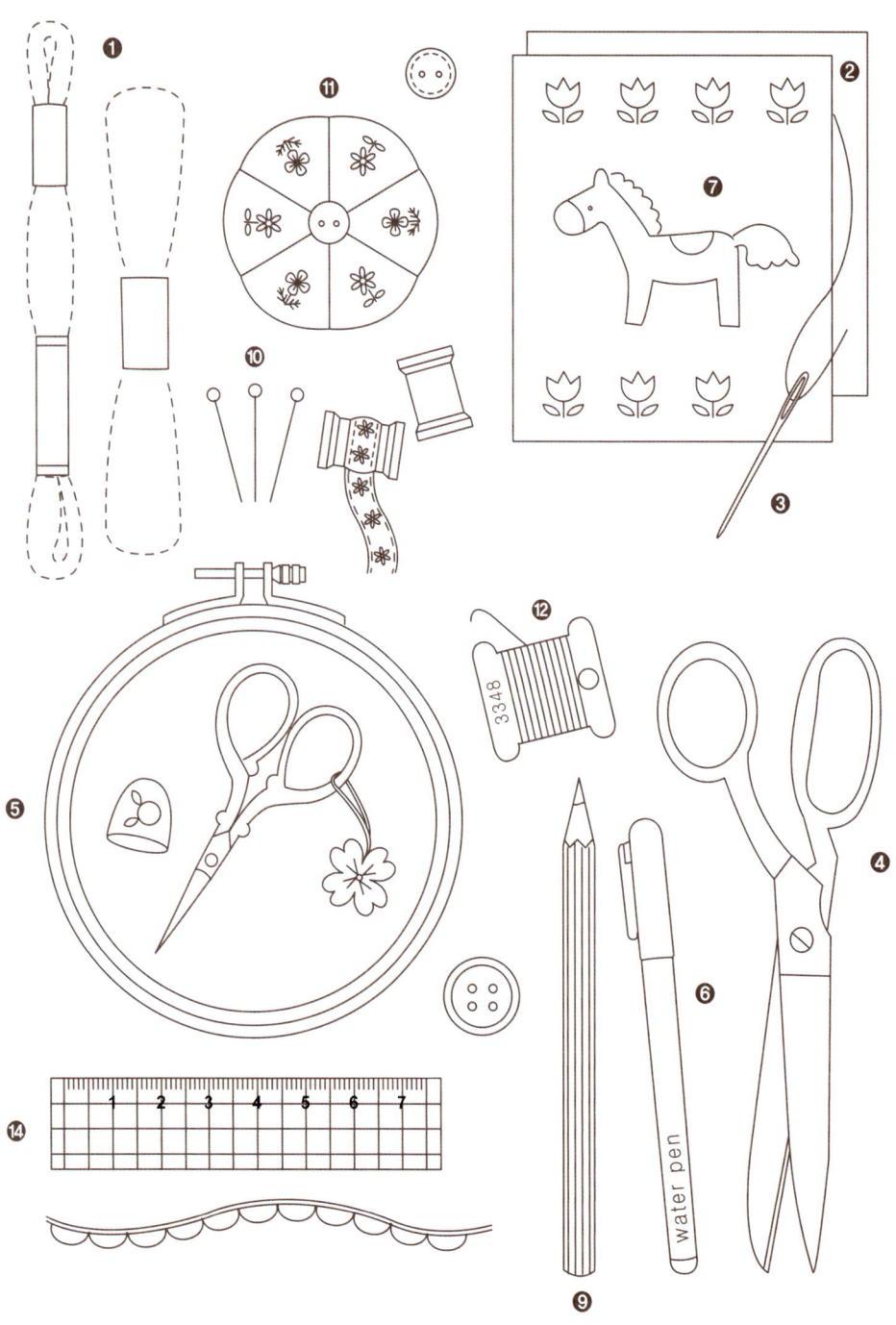

❶ **실** 프랑스 DMC사의 자수실 25번사입니다. 가장 기본적으로 많이 사용되고 있는 자수실로, 섬세한 실을 꼬아 만든 2합사 실을 3번 꼬아 만든 6합사 자수실입니다. 자수의 종류와 용도에 따라 실의 굵기를 쉽게 조절할 수 있습니다. 이 책에 들어간 작품에는 DMC 자수실을 주로 사용했습니다.
이 책에서 사용한 실 : DMC 25번사, 울사, 덴마크 꽃실

❷ **패브릭** 사용된 패브릭은 대부분 11수 린넨을 사용했습니다.
너무 얇은 것보다 약간의 두께감이 있는 천, 평직으로 된 천이 자수를 놓기에 용이합니다.
자수를 놓을 때 린넨, 광목, 코튼, 무명 등을 사용합니다. 작품의 느낌에 맞는 천을 선택하여 다양하게 수를 놓아보세요.

❸ **바늘** 프랑스 자수용 바늘은 바늘 끝이 뾰족하고 일반 바늘보다 바늘귀가 큽니다.
번호가 클수록 바늘은 가늘어요(3호~10호).

❹ **가위** 천을 자를 때는 재단용 가위를 사용하고, 자수실을 자를 때는 끝이 뾰족하고 작은 실 가위를 사용합니다. 스미르나 스티치를 한 후 컷팅할 때나 가위집을 넣을 때도 사용합니다.
가위 날의 보존을 위해 종이용 가위와 구분해서 사용하세요.

❺ **자수틀** 패브릭을 팽팽하게 고정시켜주어 자수를 더욱 깔끔하게 놓을 수 있습니다.
자수틀 없이도 자수를 놓을 수는 있으나, 새틴 스티치나 프리 스티치처럼 면을 채우는 스티치를 놓을 때는 틀을 활용하는 것이 깨끗하고 예쁘게 놓아집니다.
작은 수틀이 손에 잡고 작업하기에는 용이합니다.

큰 수틀은 작업을 한 후, 액자처럼 사용하여 인테리어에 활용할 수 있습니다.

❻ **자수용 수성펜** 도안을 그릴 때 사용하는 수성펜으로 물을 뿌리면 선이 사라집니다.
수성펜을 많이 사용했을 때에는 물이 마르면 다시 보여지기도 하니 물에 세탁해주세요.

❼ **트레이싱페이퍼** 책에 있는 도안을 옮길 때 사용합니다. 연필이나 수성펜으로 그려주세요.

❽ **초크페이퍼** 천에 도안을 옮길 때 사용합니다.
물에 지워지는 초크페이퍼를 사용하면 좋지만, 일반 먹지를 사용하게 되면 중성세제로 살살 문질러서 세탁하세요. 패브릭에 따라 시험해본 뒤 사용하세요.

❾ **연필** 트레이싱페이퍼에 도안을 옮길 때 사용합니다.

❿ **시침핀** 자수 도안을 옮겨 그릴 때 도안과 원단을 고정시킬 때 사용하거나, 작은 소품을 만들 때도 원단을 고정할 때 사용합니다. 입체자수 기법 중 레이지드 리프 스티치를 할 때 사용합니다.

⓫ **핀쿠션** 바늘과 시침핀을 보관하는 데 사용합니다.

⓬ **가는 철사** 입체자수 꽃잎이나 나비 등을 표현할 때 사용합니다.

⓭ **실끼우개** 실끼우개를 사용하여 편리하게 실을 바늘에 끼울 수 있습니다.

⓮ **자** 도안을 그릴 때나 재단할 때 선을 그리기 위해 사용합니다.

자수의 기초

선세탁

린넨이나 코튼을 사용할 때 천이 줄어드는 특성이 있기에 수를 놓기 전에 미리 세탁해주는 것이 좋습니다.

다림질

도안을 옮기기 전에 패브릭을 다려주어 천이 평평한 상태여야 정확한 그림이 표현됩니다.

도안 옮기기

1) 패브릭 위에 수성펜으로 직접 그립니다.

2) 천에 먹지를 대고 그리기

아래부터 천 – 먹지 – 도안 순서대로 놓고 약간 힘을 주어 눌러 그립니다. 대략적인 도안을 그리고 세세한 부분은 도안을 보면서 기화펜이나 초크펜으로 그립니다.

실 사용법

적당한 길이(30~40cm)로 실을 뽑아 자른 뒤, 실을 갈라서 사용할 가닥 수만큼 뽑아서 사용합니다. 너무 길게 사용하면 실이 꼬이면서 예쁜 자수가 놓아지지 않습니다.

보통 2~3가닥의 실을 사용합니다. 급하게 가르면 실이 엉킬 수 있으니 천천히 갈라주세요.

실 빼기

실 자르기

1_ 실 가르기

방법 1. 필요한 가닥 수만큼 한 가닥씩 빼내어 정리해줍니다.

방법 2. 오른손으로 3가닥씩 나누어 쥔 다음에 가운데를 왼손의 엄지와 검지로 천천히 가릅니다.

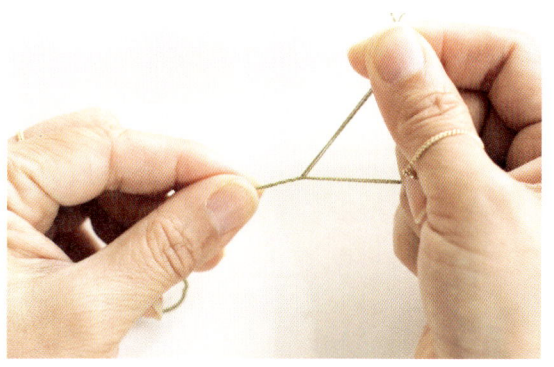

2_ 실 꿰기

방법 1. 실 가닥을 잘 정리하여 바늘귀에 끼워줍니다.
방법 2. 실끼우개를 사용하여 끼워줍니다.

3_ 매듭짓기

바늘에 실을 끼운 다음 긴 쪽의 실을 바늘을 올려두고 두 번 정도 감아준 뒤, 매듭을 잡고 바늘을 당겨줍니다.

4_ 마무리하기

굵은 매듭을 짓는 것이 싫다면 매듭을 짓지 않고 실 사이에 끼워서 마무리해도 됩니다. 단, 자주 세탁하는 것은 매듭을 지어 마무리하는 것이 좋습니다.

자수실

이 책에서는 주로 DMC 25번사를 사용했으며 원하는 길이로 잘라 작품에 맞는 가닥 수를 뽑아 사용합니다.

실 사용 설명 보는 법 : 3841(3)→DMC 3841번 3가닥

• DMC 25번사 : 일반적으로 가장 많이 사용되는 면사로 6가닥이 한 줄로 되어 있고 필요한 길이만큼 잘라서 사용하면 됩니다.

• 울사 : 울로 만들어진 실로 포슬거리는 질감이 입체 꽃을 표현할 때 탁월합니다.

• 덴마크 꽃실 : 매트하고 포근한 느낌의 실로 두 가닥

이 한 줄로 꼬여 있습니다.

• 메탈릭사 : 반짝거리는 메탈 느낌의 실입니다. 포인트를 줄 때 사용합니다.

• 에뜨왈사 : 면사와 부드러운 메탈릭사로 조합된 블링블링한 포근한 실입니다. 기존 제품처럼 6가닥으로 쉽게 분리되어 자수할 때 용도에 따라 굵기를 조절할 수 있어요.

이 책에 사용한 그 외 준비물 : 모쿠바 리본 3.5mm, 7mm, 시드비즈

바늘

바늘은 호수가 클수록 굵기가 얇습니다.
이 책에서는 주로 7호(3가닥 사용 시)와 10호(1가닥 사용 시)를 사용하였습니다.
작품의 크기, 천의 조직과 실의 굵기, 가닥 수를 감안

하여 바늘을 선택하여 수를 놓아주세요. 너무 가는 바늘을 사용하면서 3가닥을 사용하여 수를 놓으면 실이 천을 통과하기 어렵거나, 바늘이 너무 굵으면 수를 놓은 뒤 천에 구멍이 날 수 있습니다.

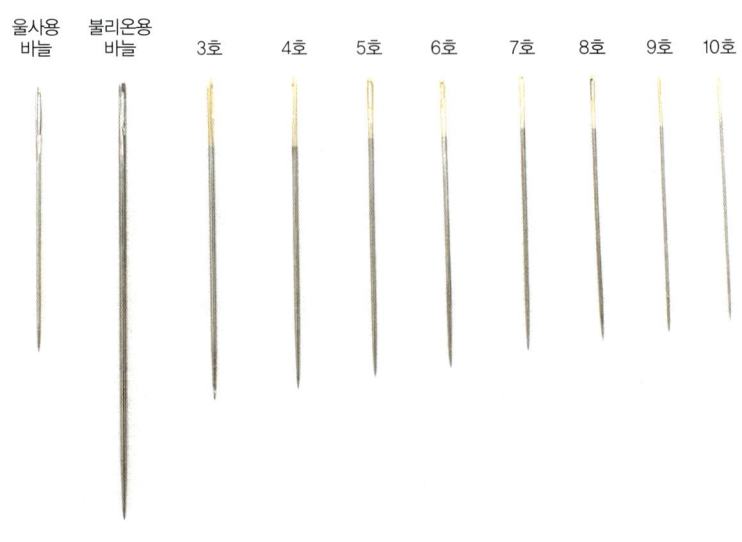

울사용 바늘   불리온용 바늘   3호   4호   5호   6호   7호   8호   9호   10호

수틀 사용하기

1) 수틀의 나사를 풀어 안쪽 프레임을 제일 아래에 놓고 위에 천을 얹어주세요.

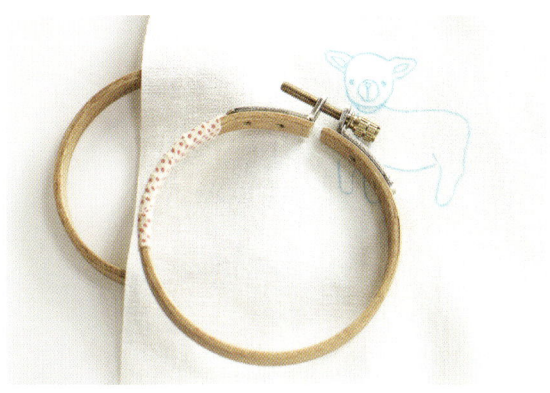

2) 바깥쪽 프레임을 끼워줍니다.

3) 천을 팽팽하게 정리해줍니다.

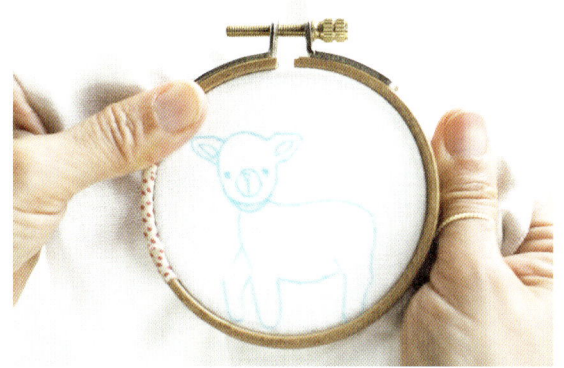

4) 나사를 조여줍니다.

이 책에 사용한
기초 스티치 기법

그라니토스 스티치
Granitos stitch

다닝 스티치
Darning stitch

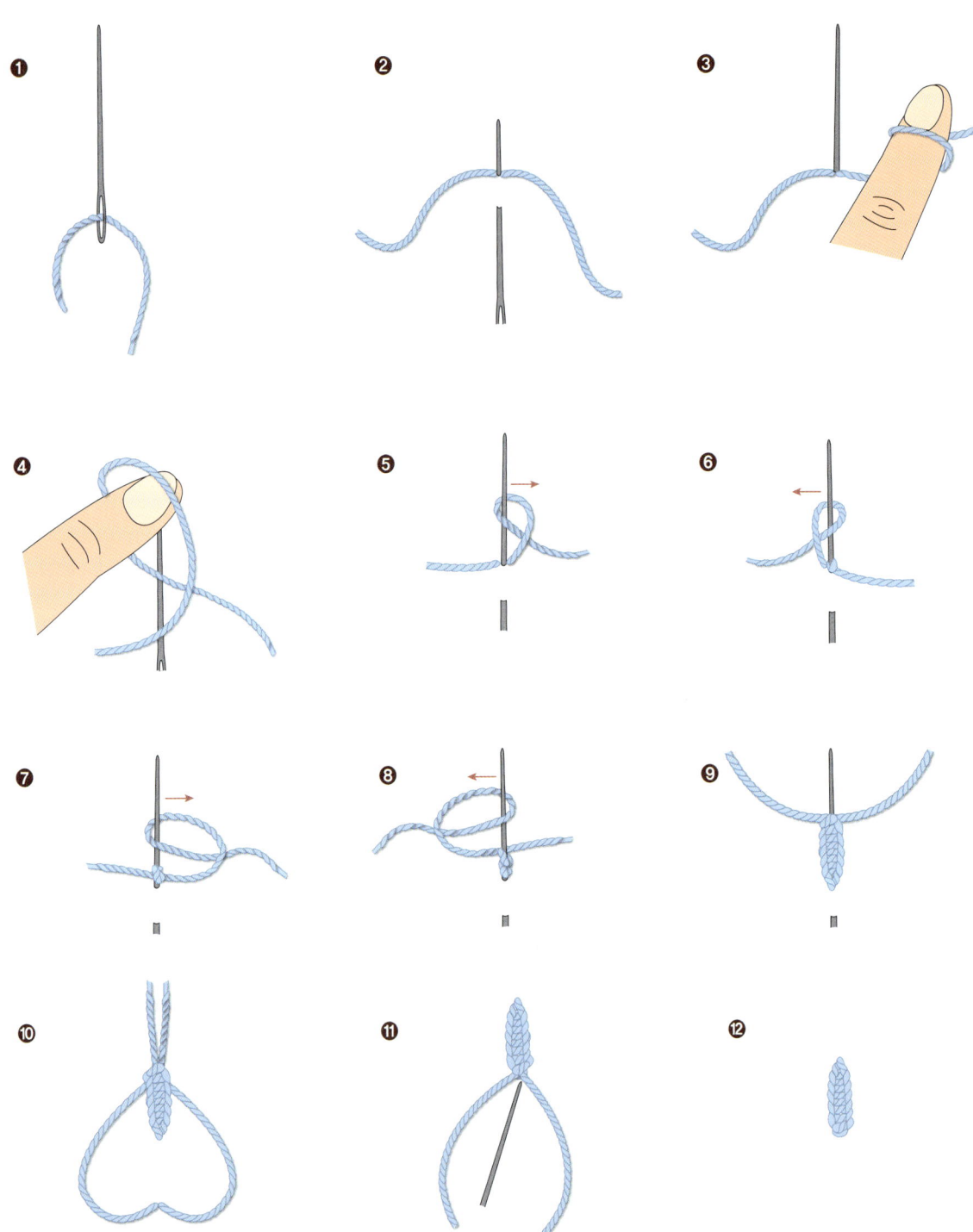

러닝 스티치
Running stitch

❶

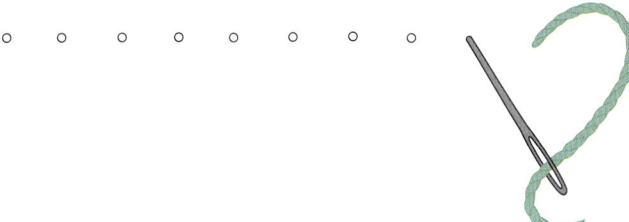

❷

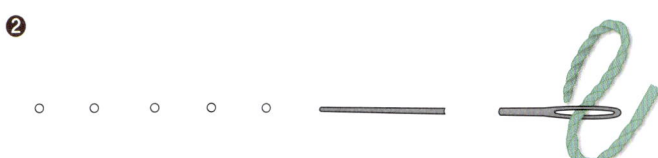

❸

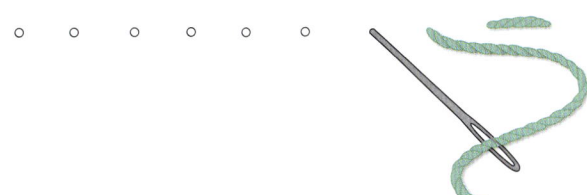

❹

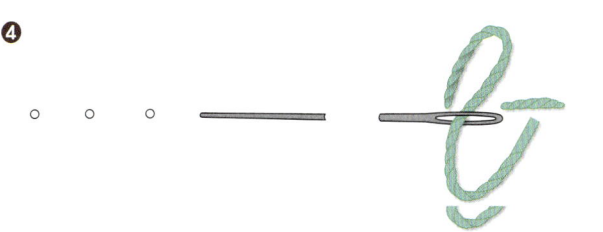

❺

레이지 데이지 스티치
Lazy daisy stitch

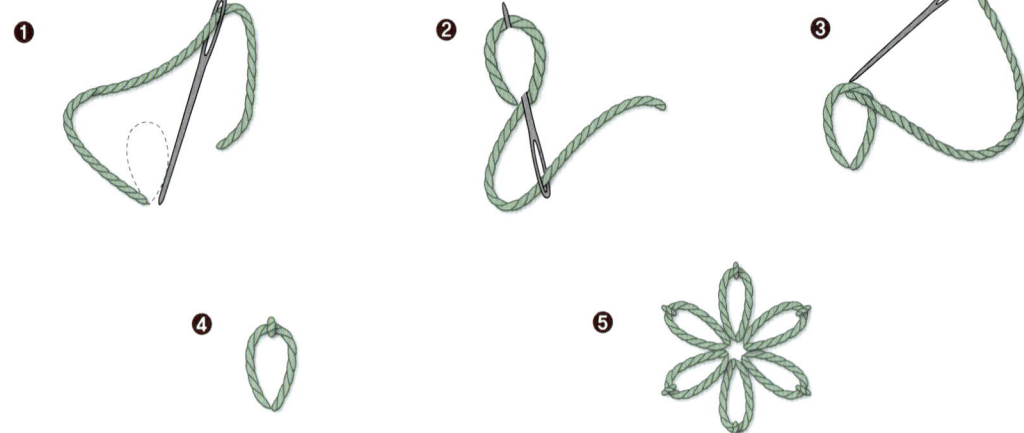

로제트 스티치
Rosette stitch

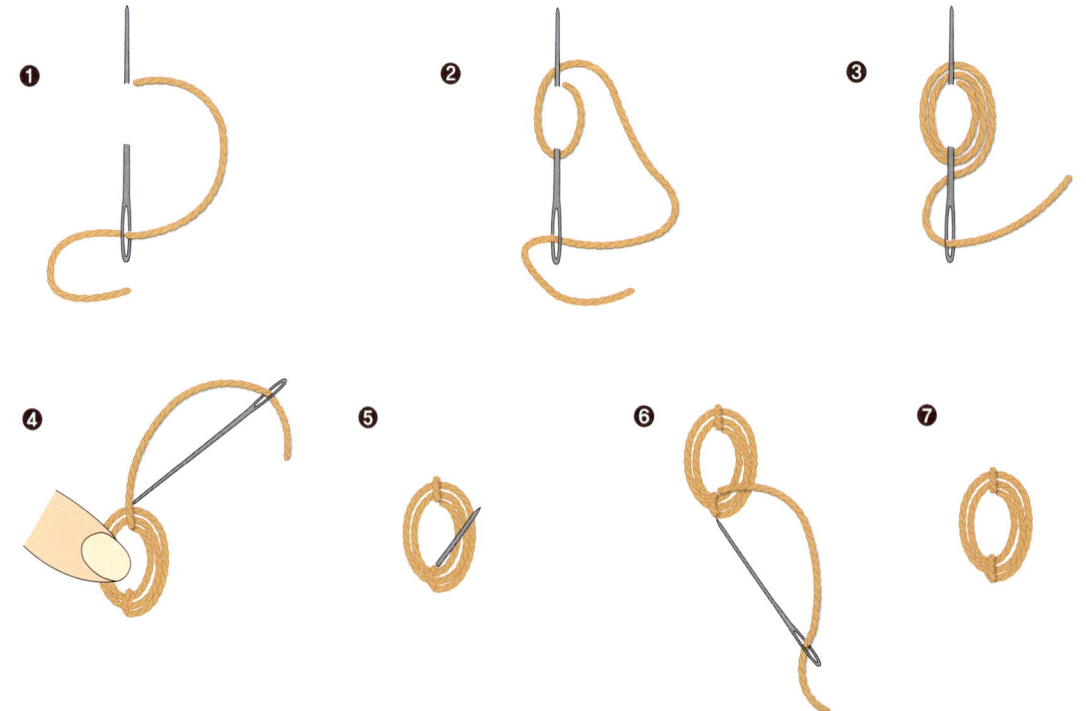

롱 앤드 쇼트 스티치
Long and short stitch

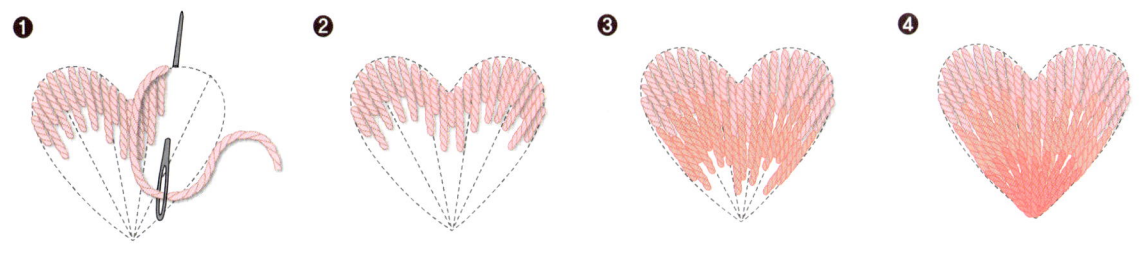

리프 스티치
Leaf stitch

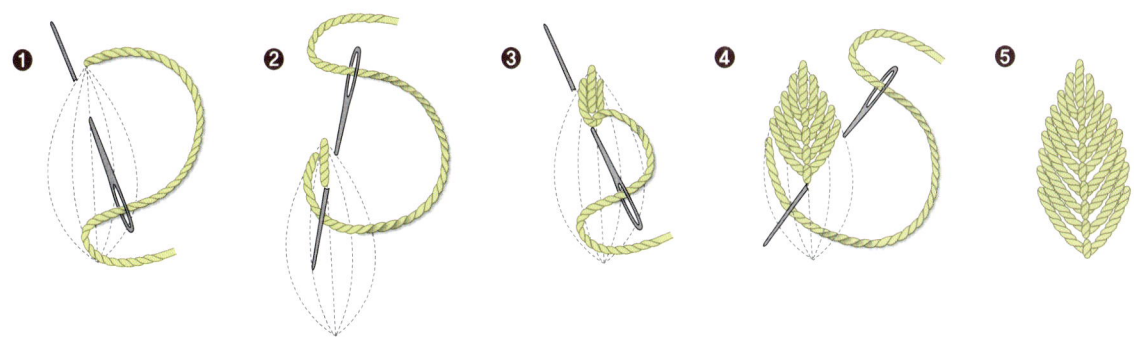

링 스티치
Ring stitch

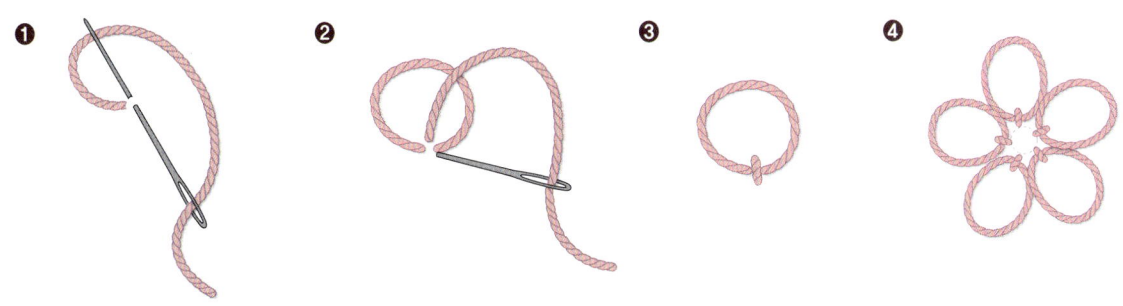

바스켓 스티치
Basket stitch

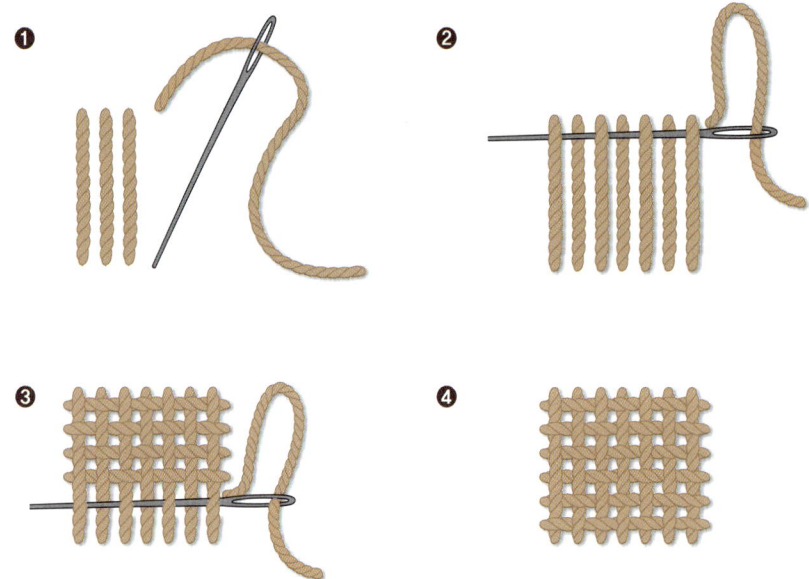

백 스티치
Back stitch

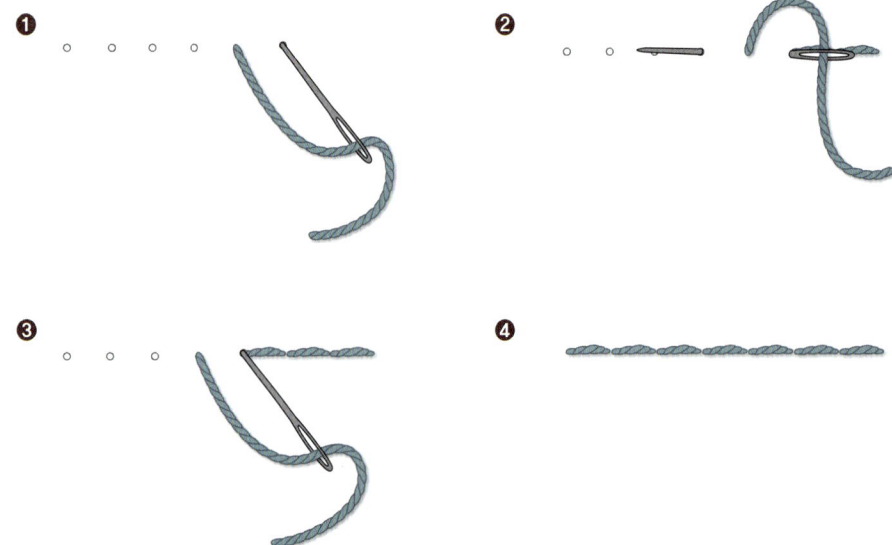

버든 스티치
Burden stitch

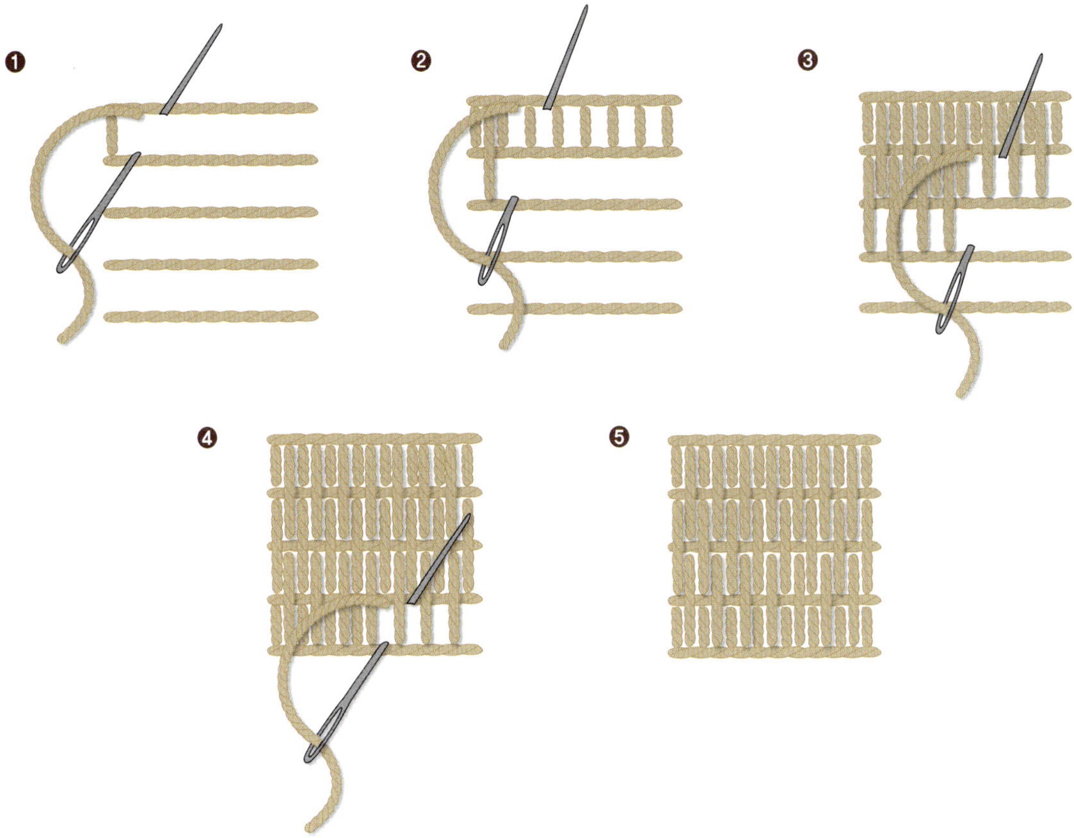

❶ ❷ ❸

❹ ❺

버튼홀 스티치
Buttonhole stitch

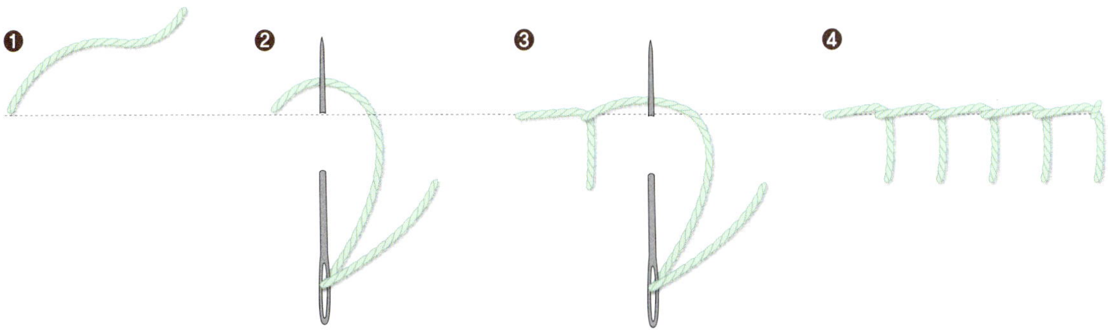

❶ ❷ ❸ ❹

불리온 노트 스티치
Bullion knot stitch

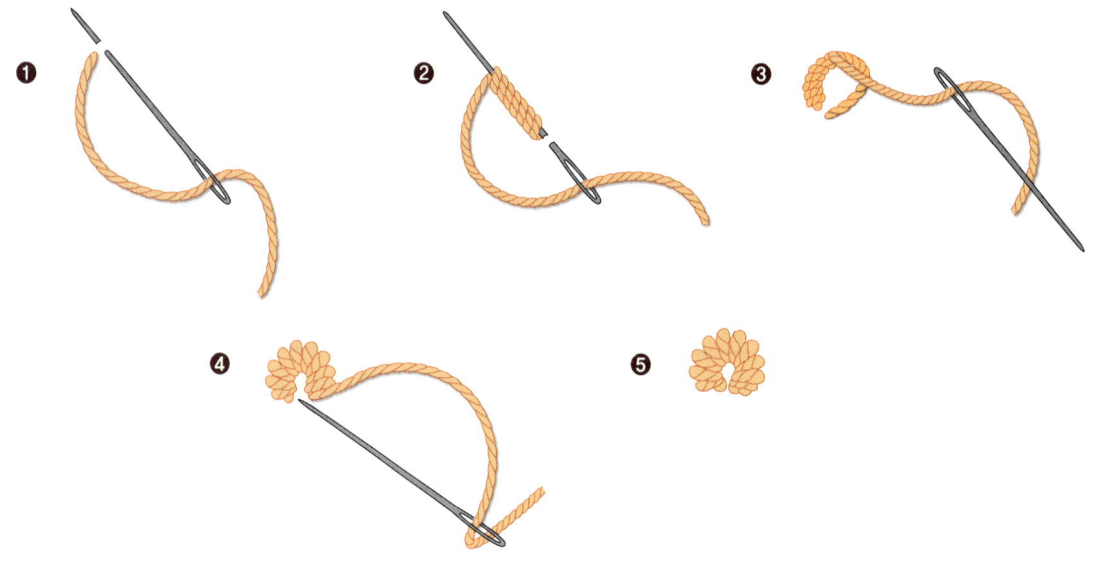

불리온 레이지 데이지 스티치
Bullion lazy daisy stitch

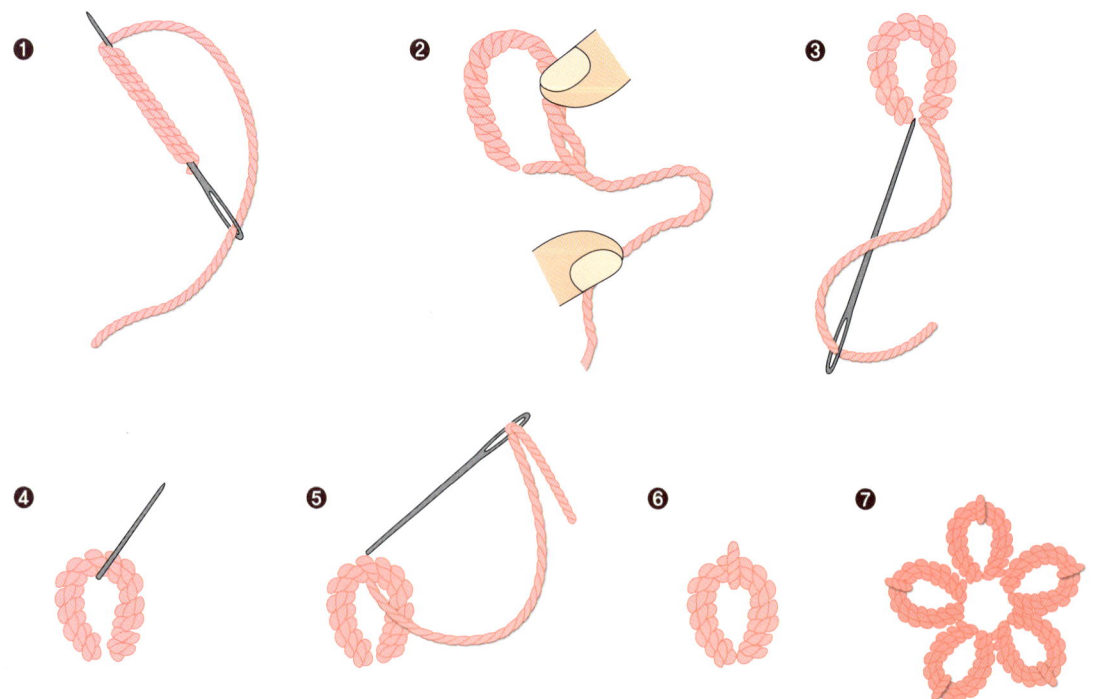

불리온 로즈 스티치
Bullion rose stitch

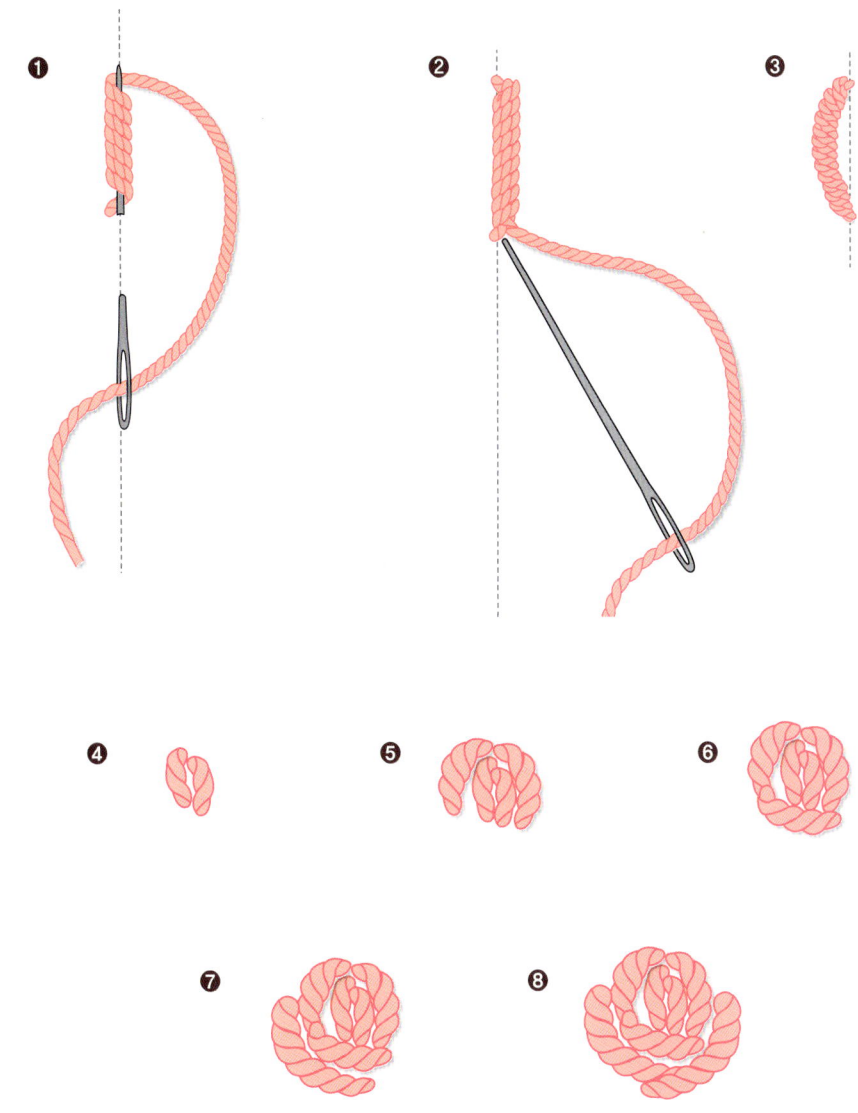

불리온 스티치
Bullion stitch

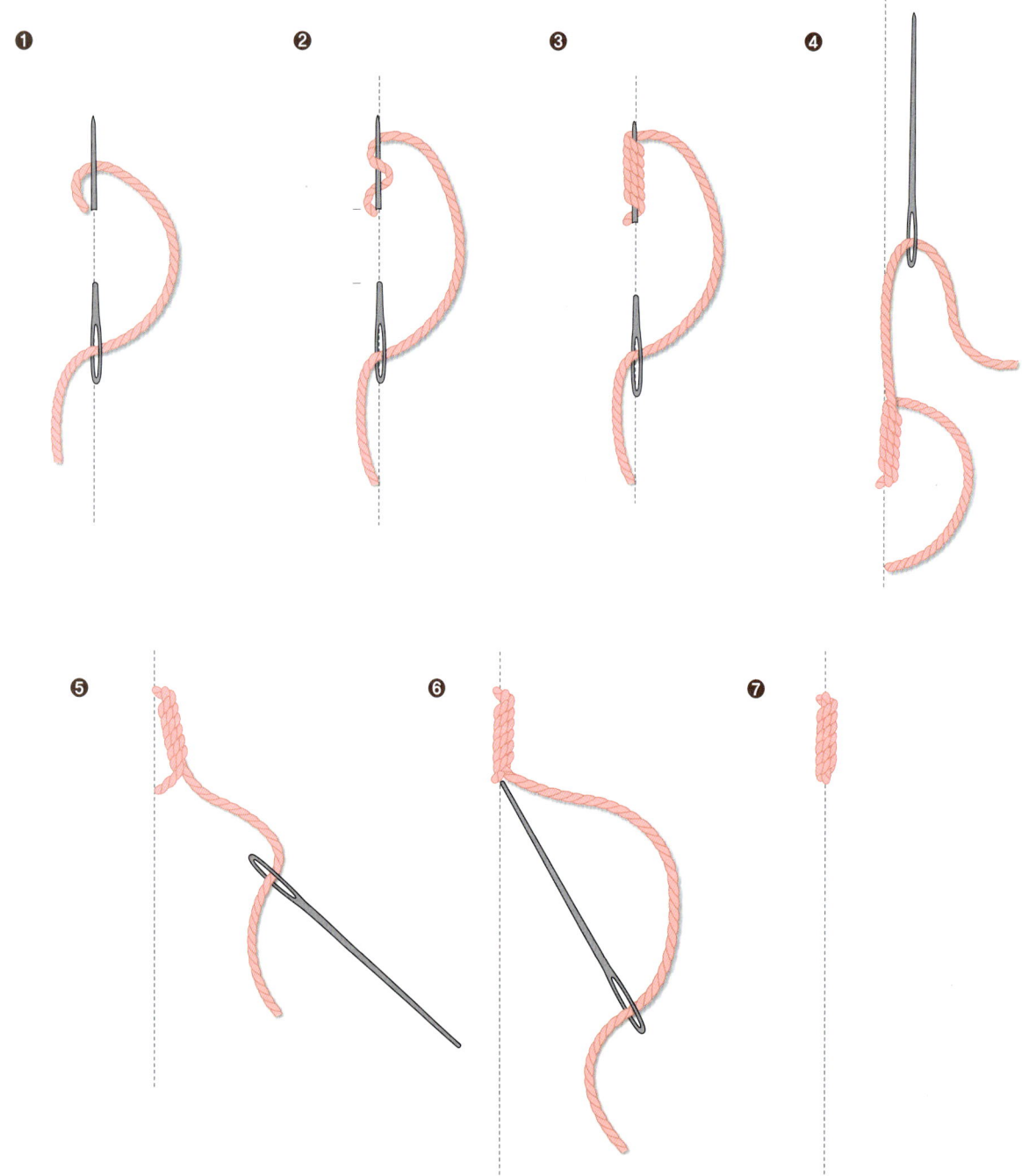

새틴 스티치
Satin stitch

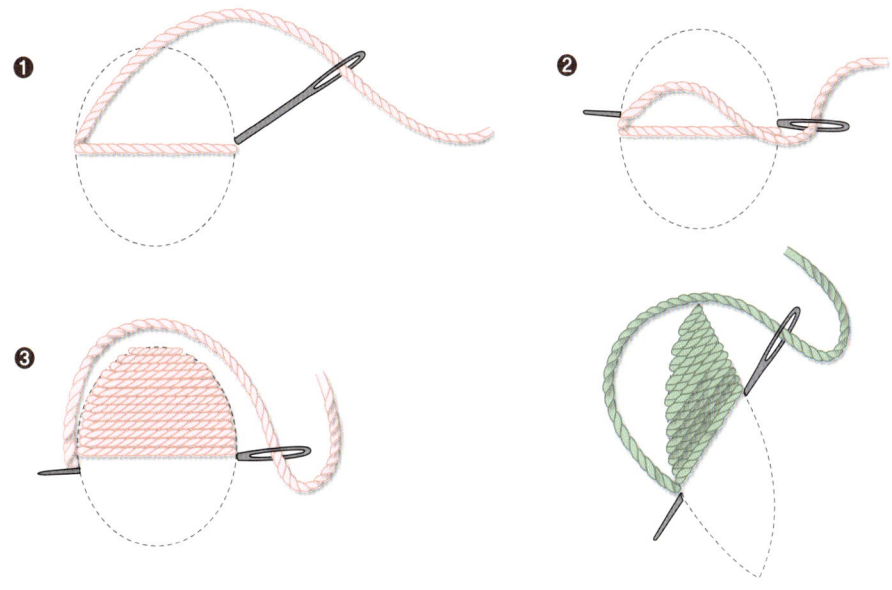

서클 버튼홀 스티치
Circle buttonhole stitch

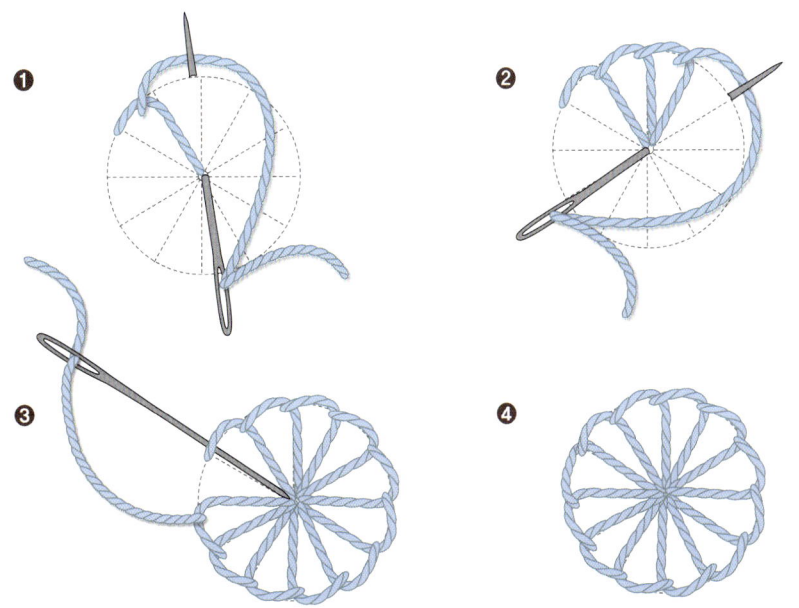

스미르나 스티치
Smyrna stitch

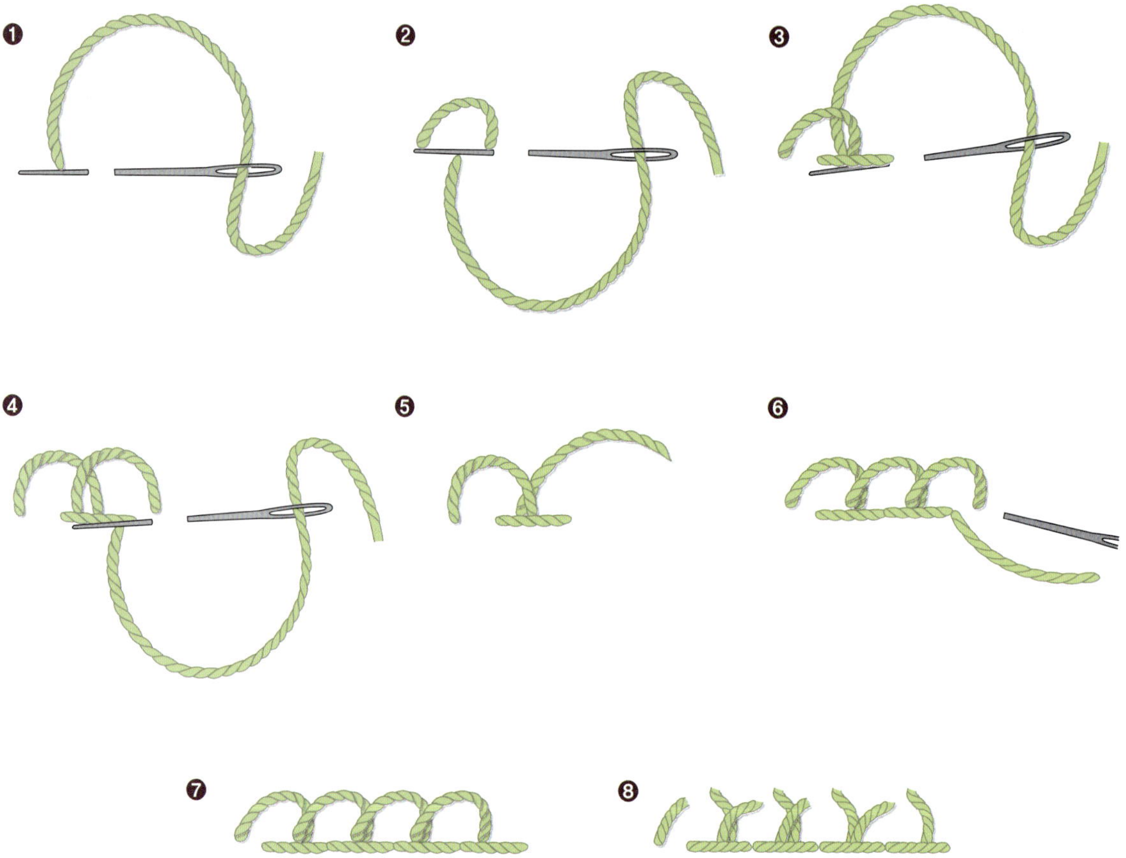

1 **2** **3**

4 **5** **6**

7 **8**

스크롤 스티치
Scroll stitch

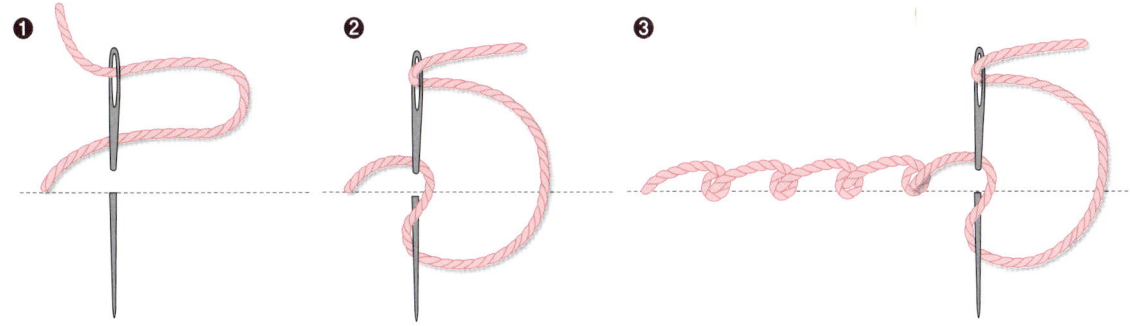

❶ ❷ ❸

스트레이트 스티치
Straight stitch

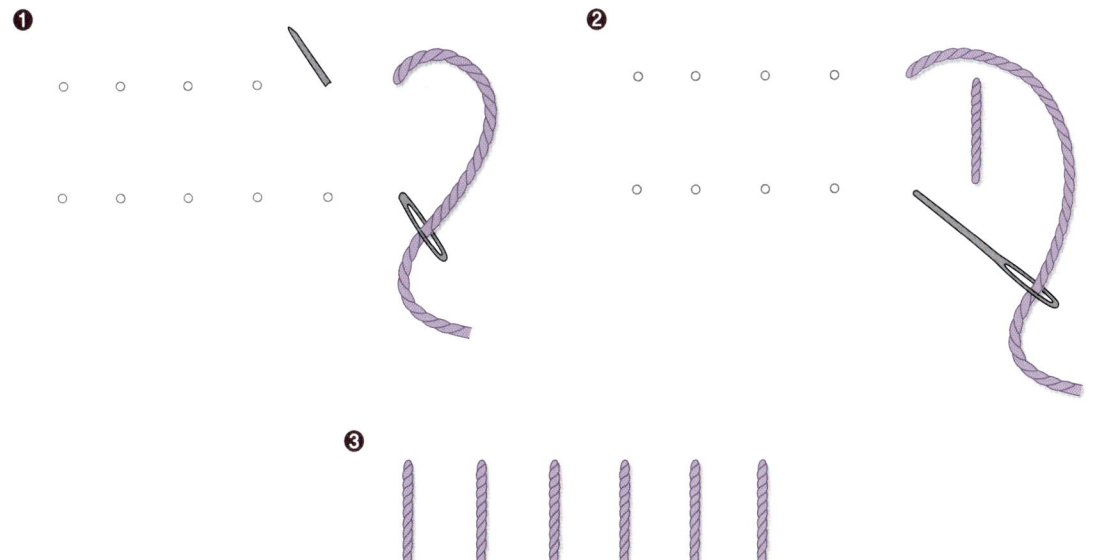

❶ ❷

❸

스파이더 웹 로즈 스티치
Spider web rose stitch

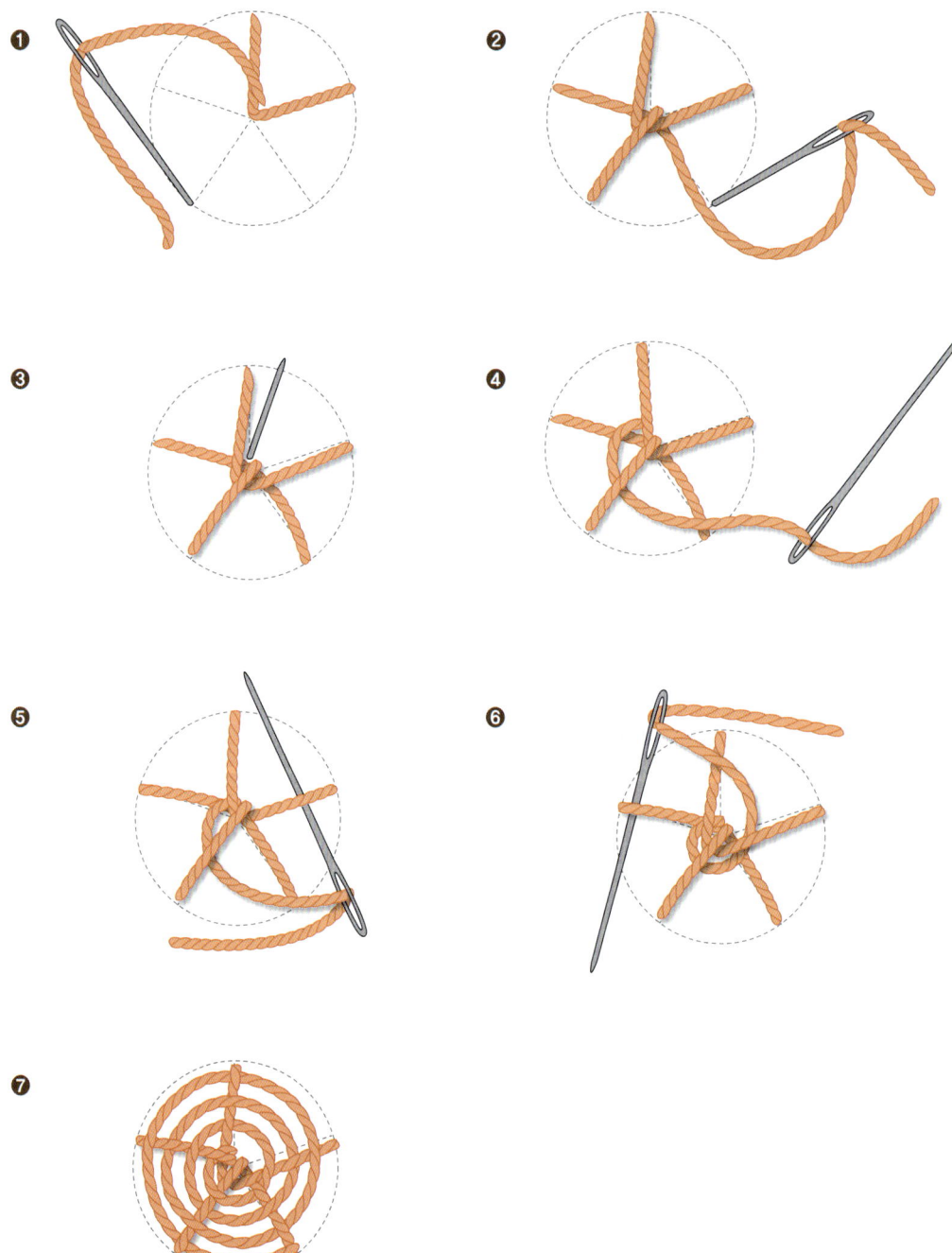

❶ ❷ ❸ ❹ ❺ ❻ ❼

스플릿 백 스티치
Split back stitch

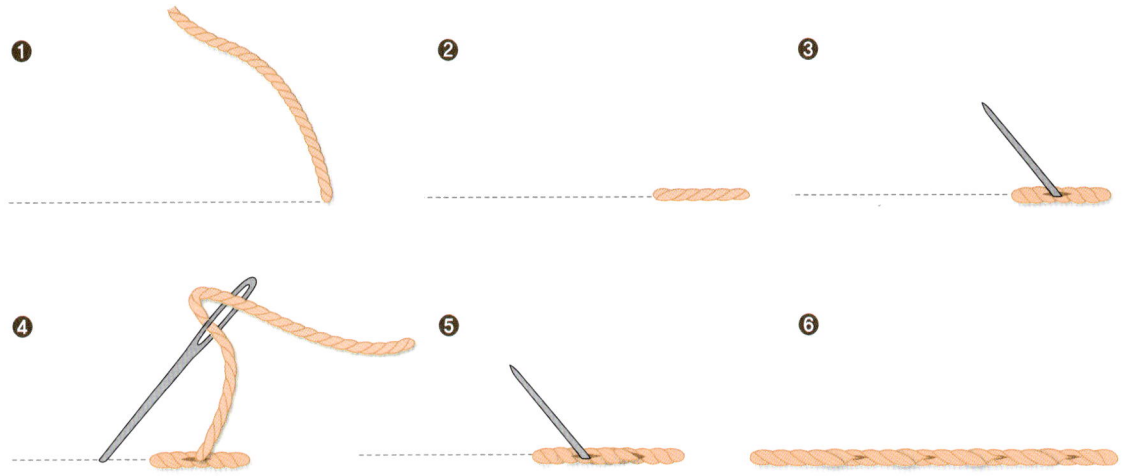

시드 스티치
Seed stitch

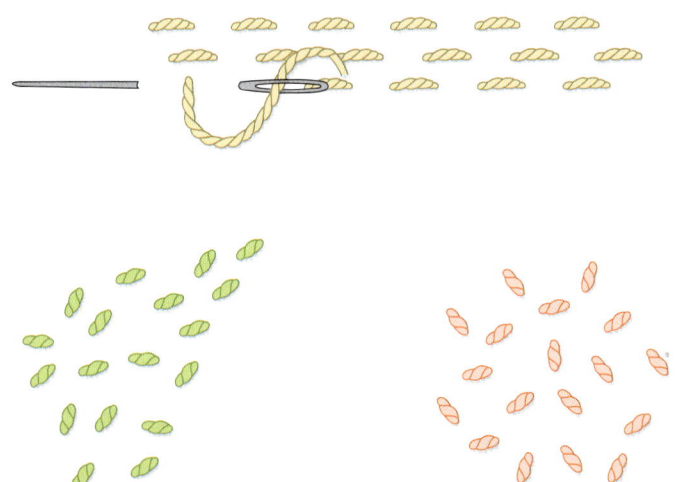

아우트라인 스티치
Outline stitch

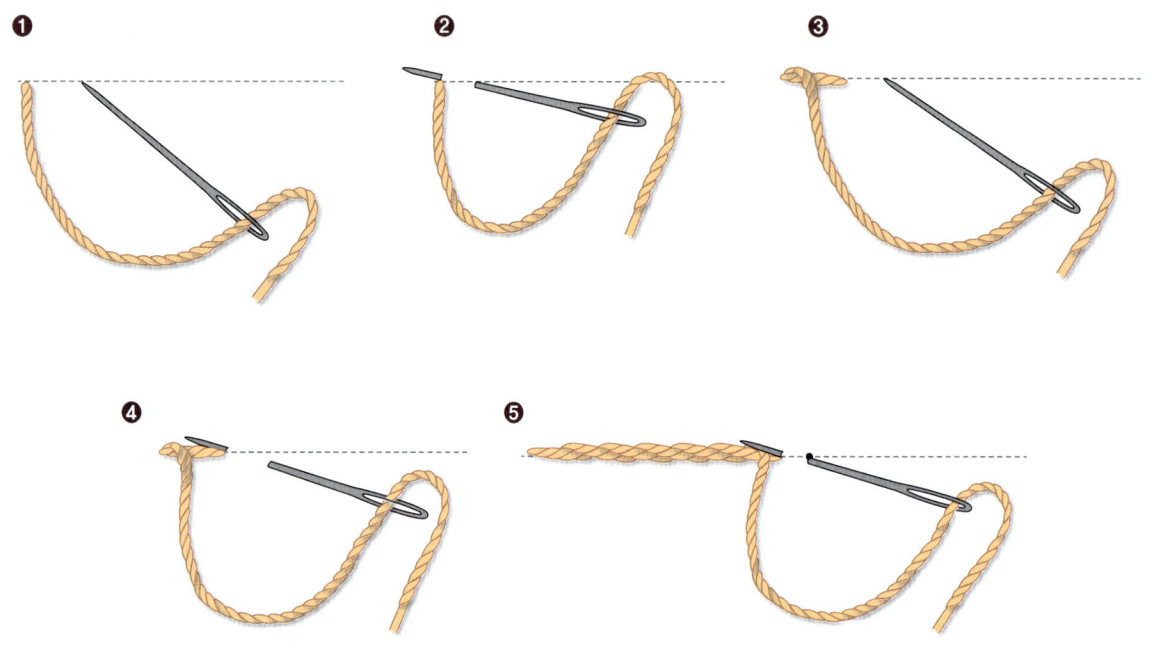

❶ ❷ ❸ ❹ ❺

아우트라인 필링 스티치
Outline filling stitch

저먼 노트 스티치
German knot stitch

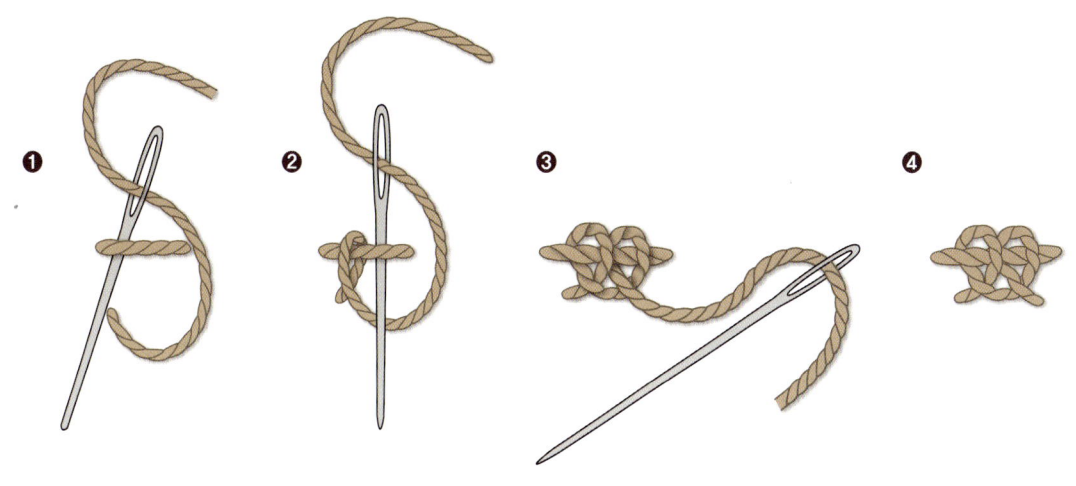

❶ ❷ ❸ ❹

체인 스티치
Chain stitch

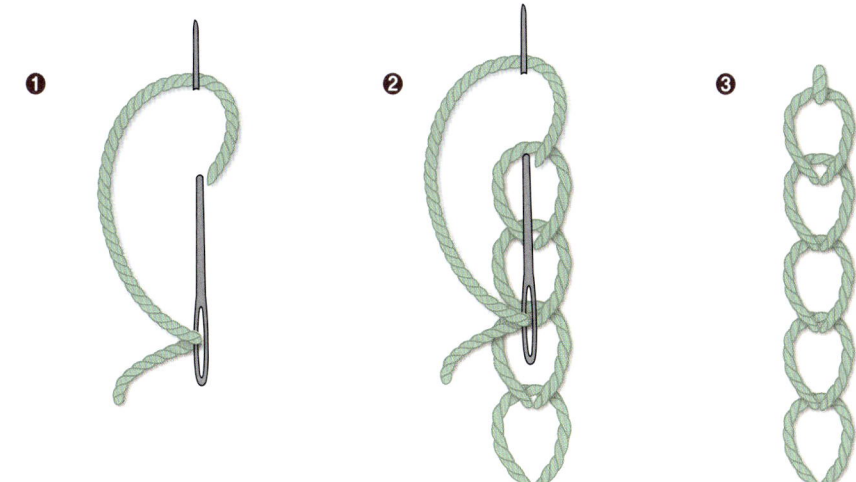

❶ ❷ ❸

카우칭 스티치
Couching stitch

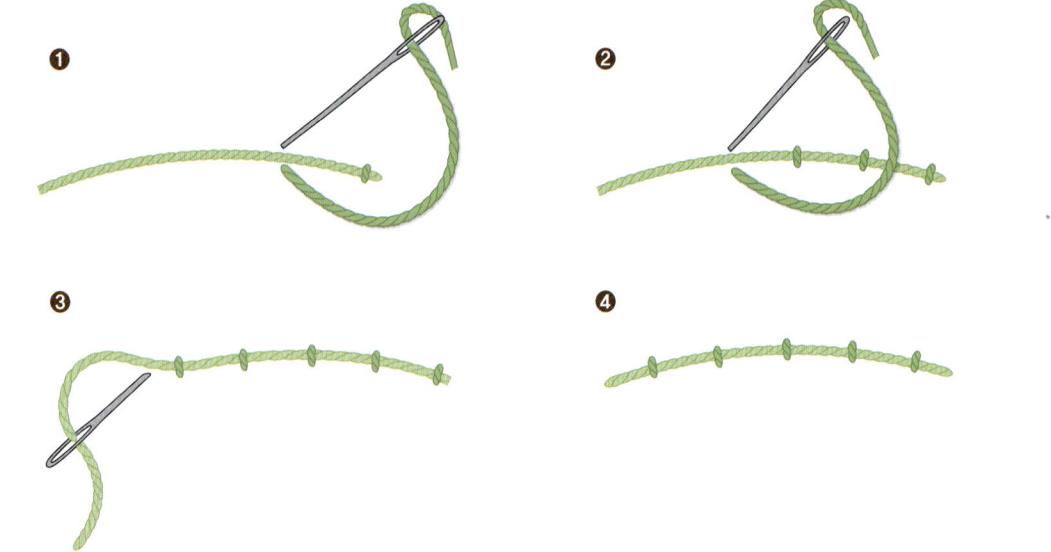

캐스트 온 스티치
Cast on stitch

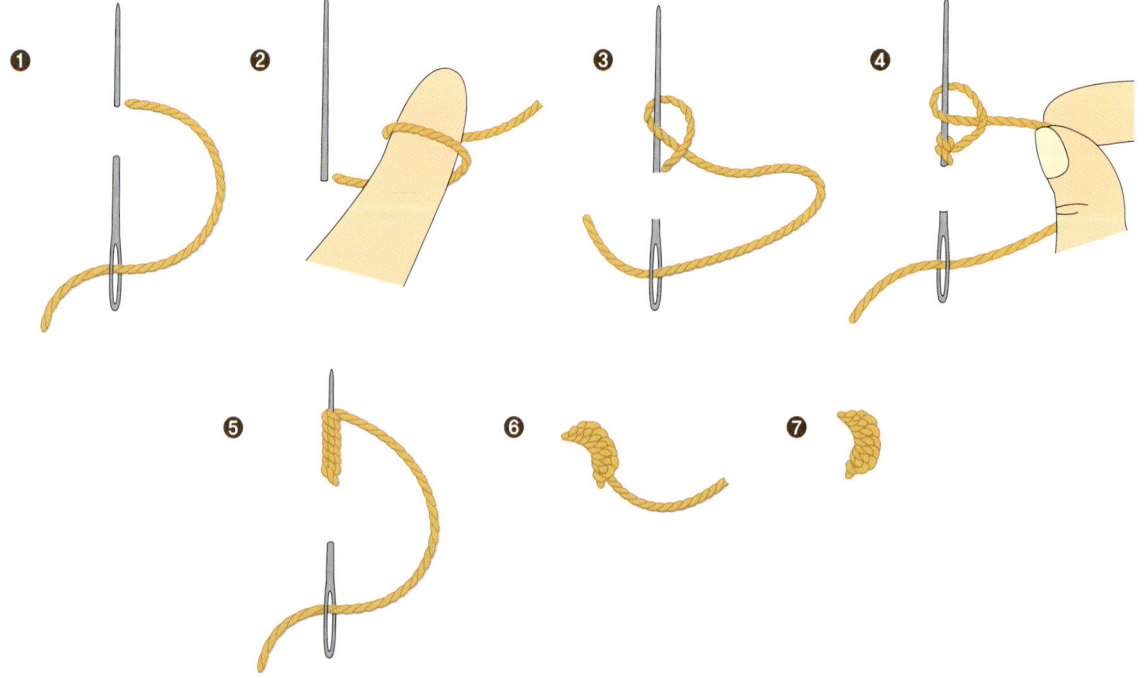

케이블 스티치
Cable stitch

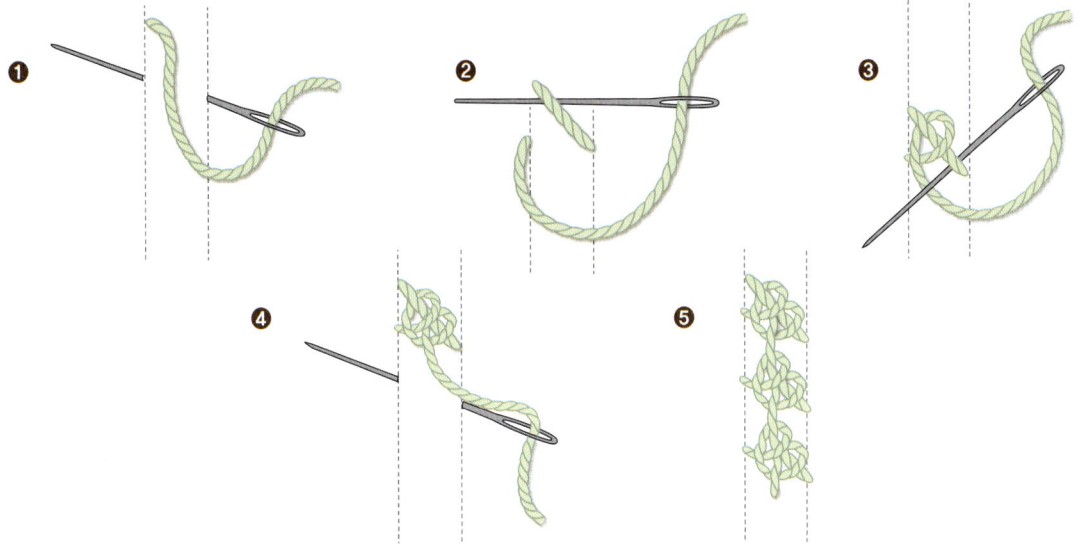

케이블 체인 스티치
Cable chain stitch

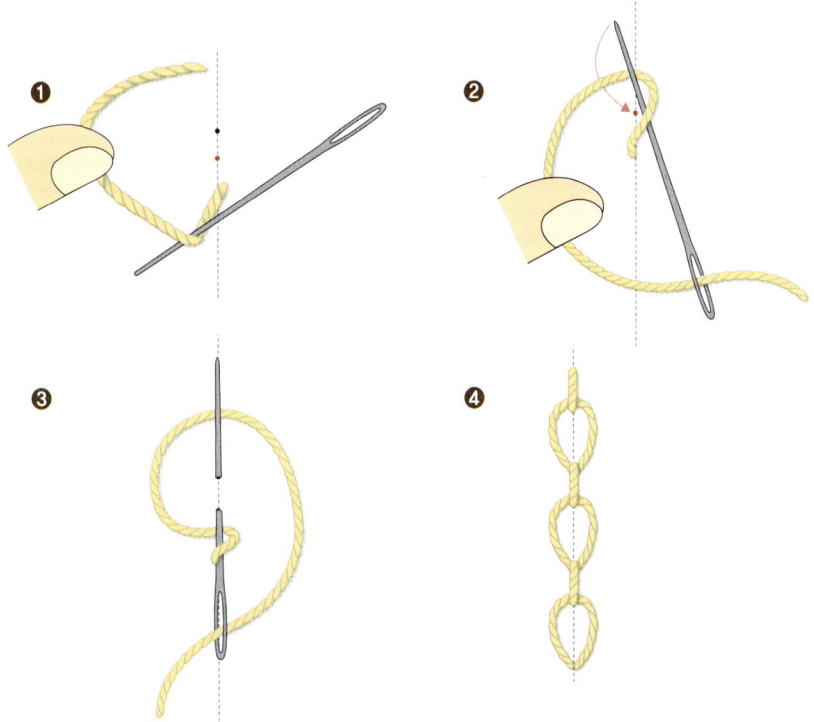

크로스 스티치
Cross stitch

방법 _1

❶

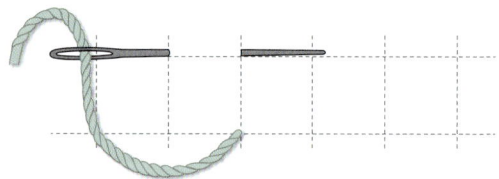

❷

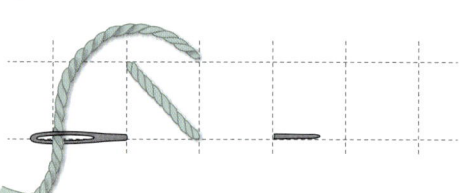

❸

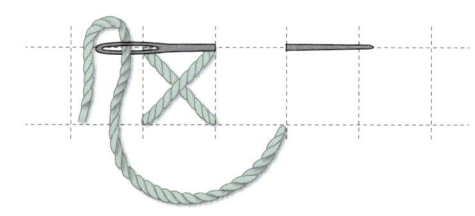

❹

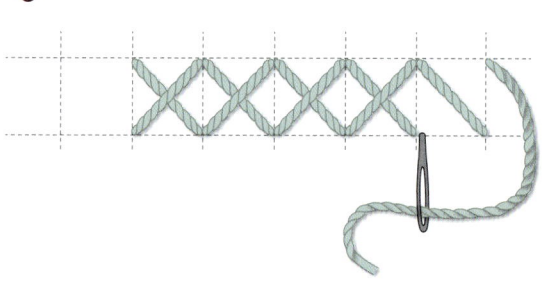

방법 _1

❶

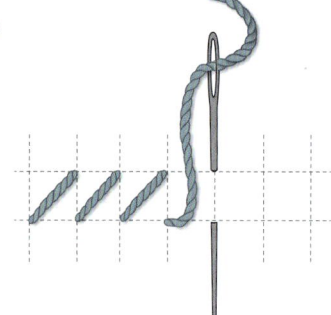

❷

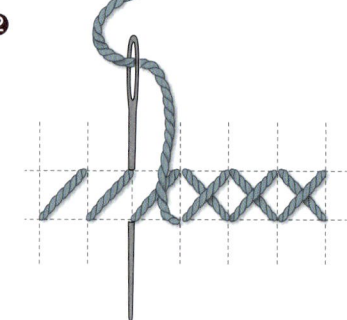

페더 스티치
Feather stitch

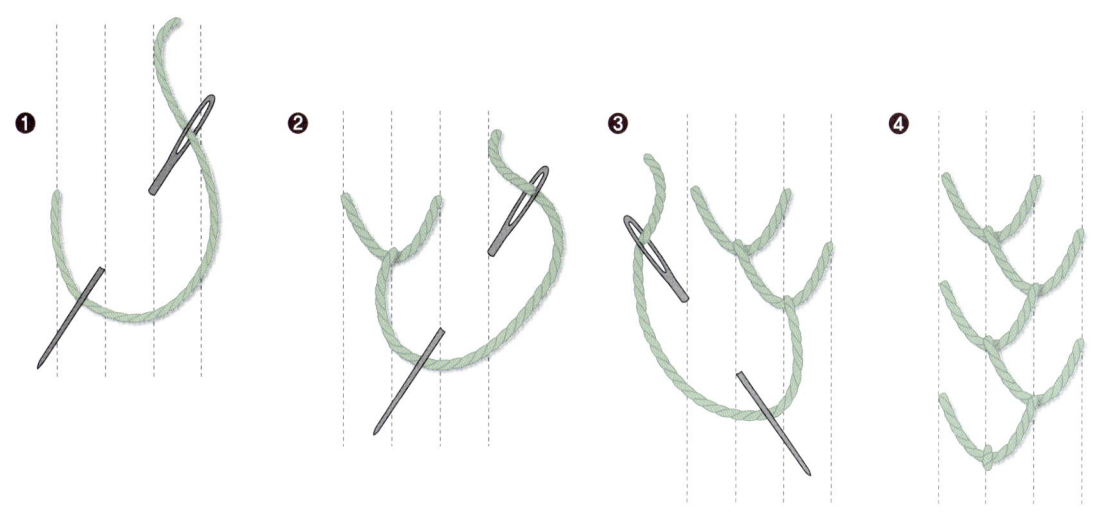

프렌치 노트 스티치
French knot stitch

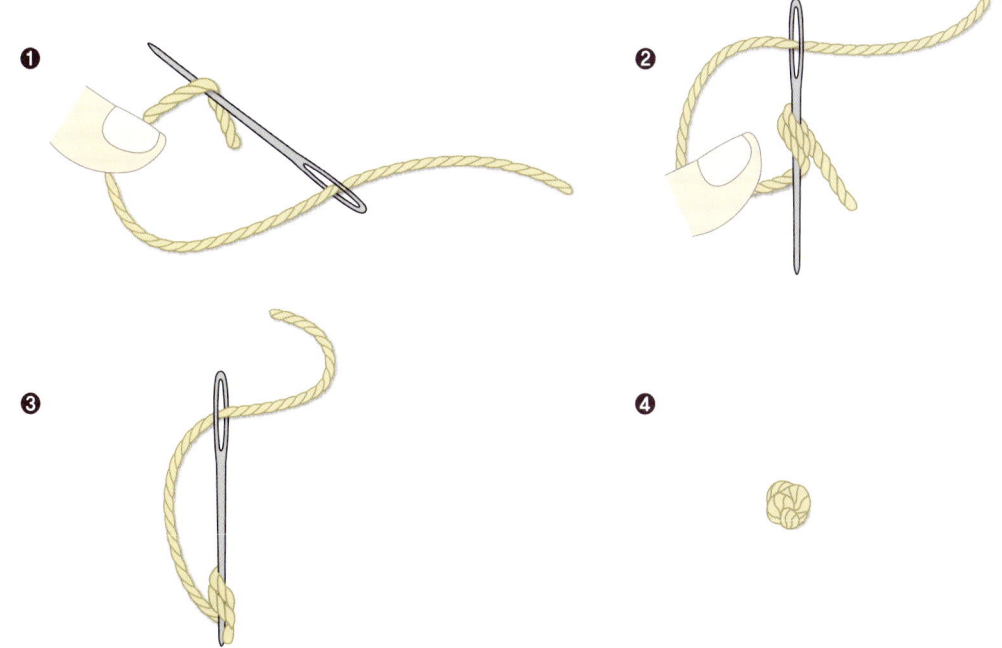

프리 스티치
Free stitch

❶ ❷ ❸

플라이 스티치
Fly stitch

❶ ❷ ❸ ❹

❶ ❷ ❸ ❹

040

플랫 스티치
Flat stitch

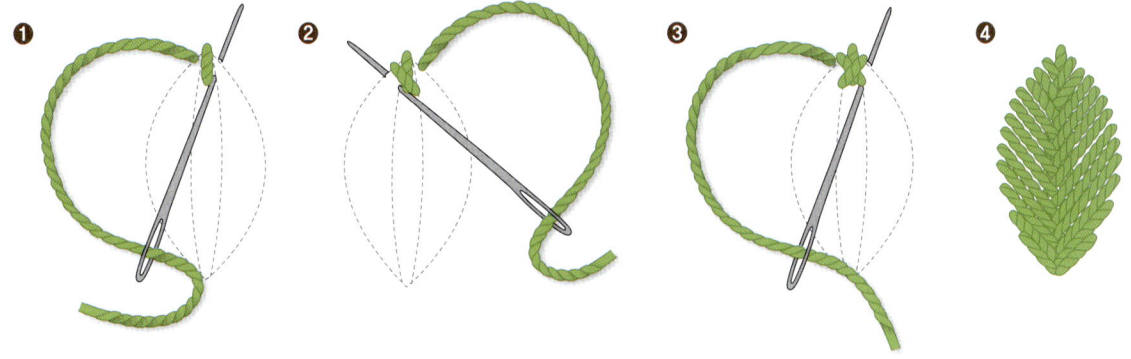

피스틸 스티치
Pistil stitch

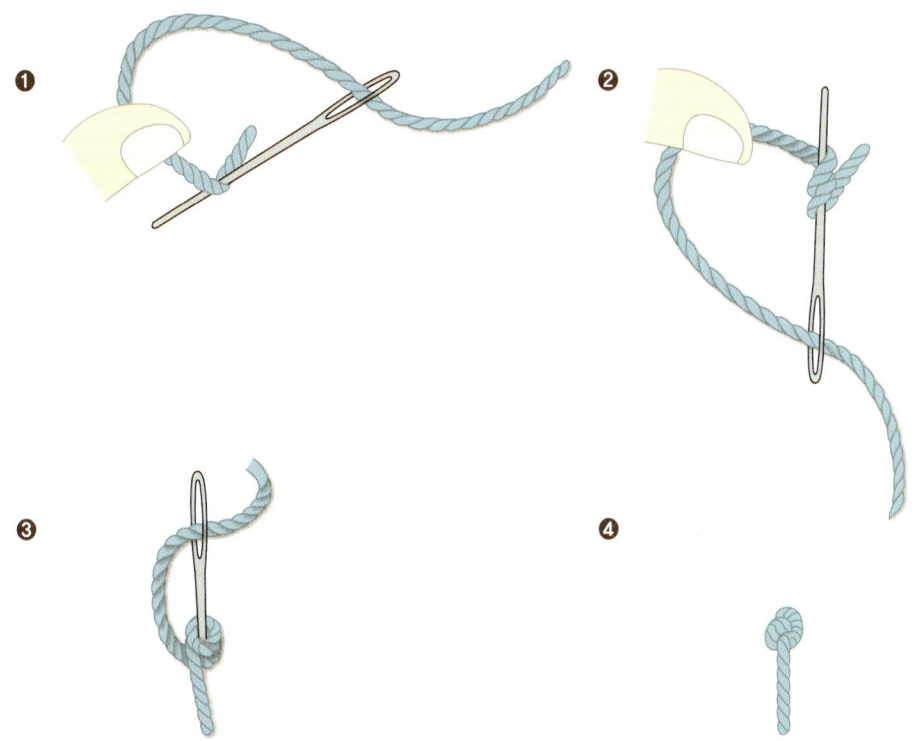

하프 서클 버튼홀 스티치
Half circle buttonhole stitch

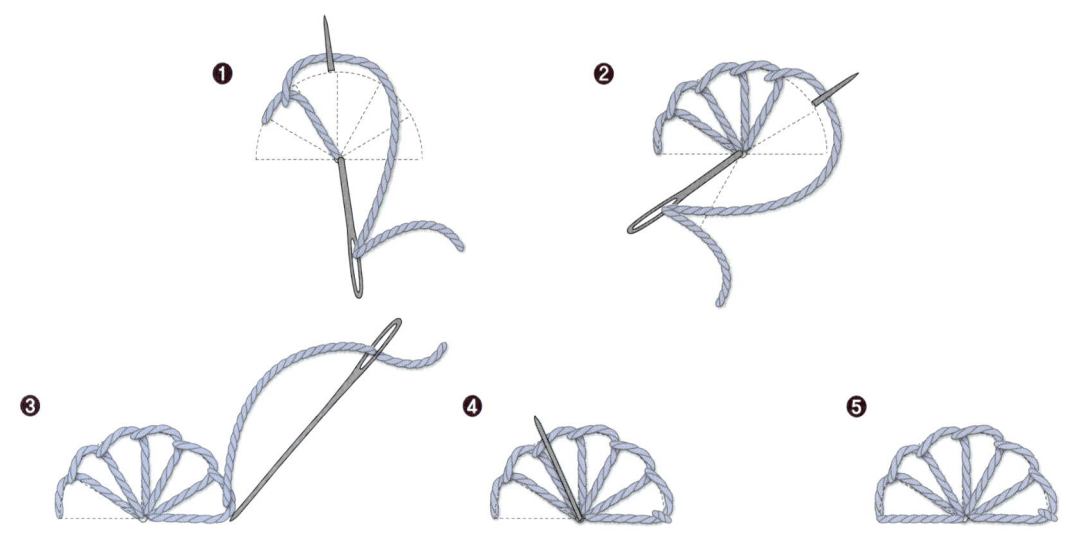

휘프트 백 스티치
Whipped back stitch

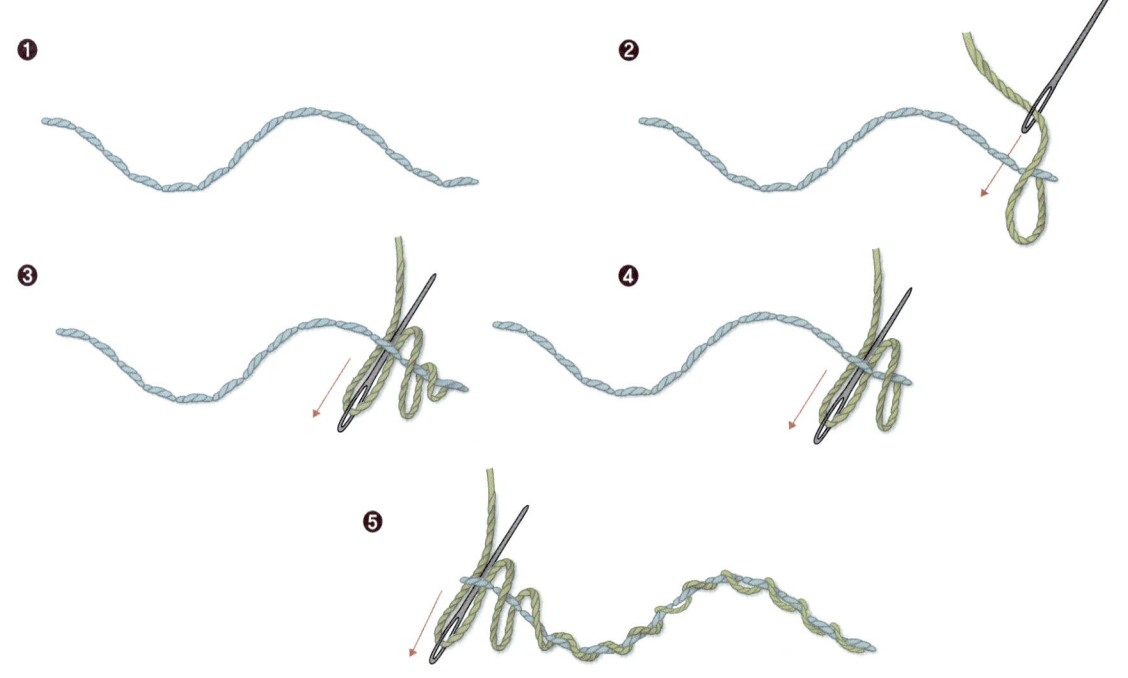

휘프트 체인 스티치
Whipped chain stitch

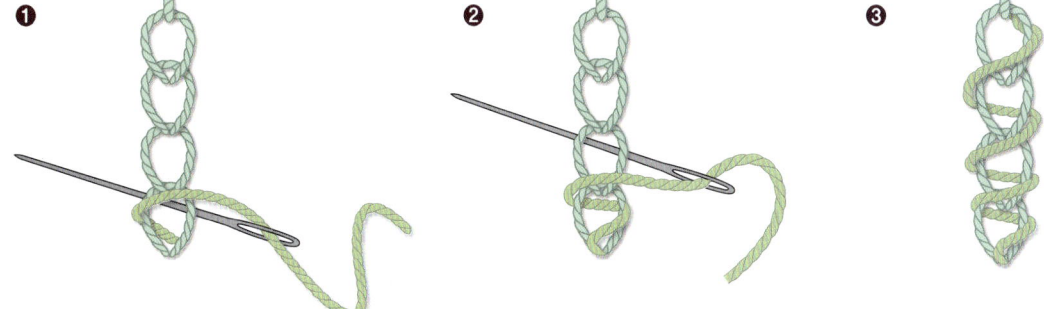

❶   ❷   ❸

이 책에 사용한
입체 스티치 기법

레이즈드 리프 스티치
Raised leaf stitch

❶
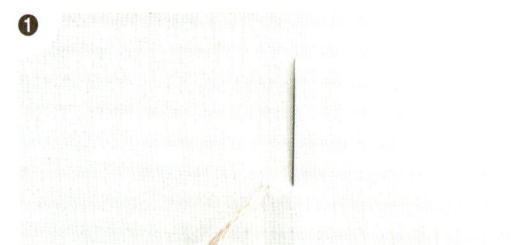

❷
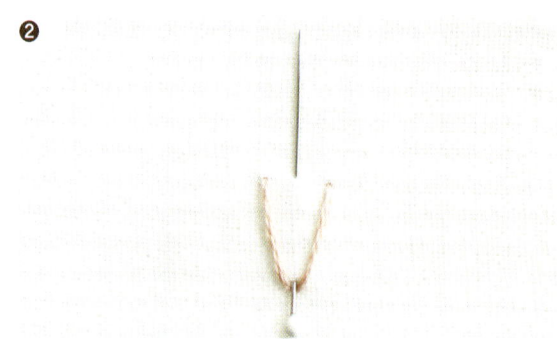

❸

❹

❺

❻

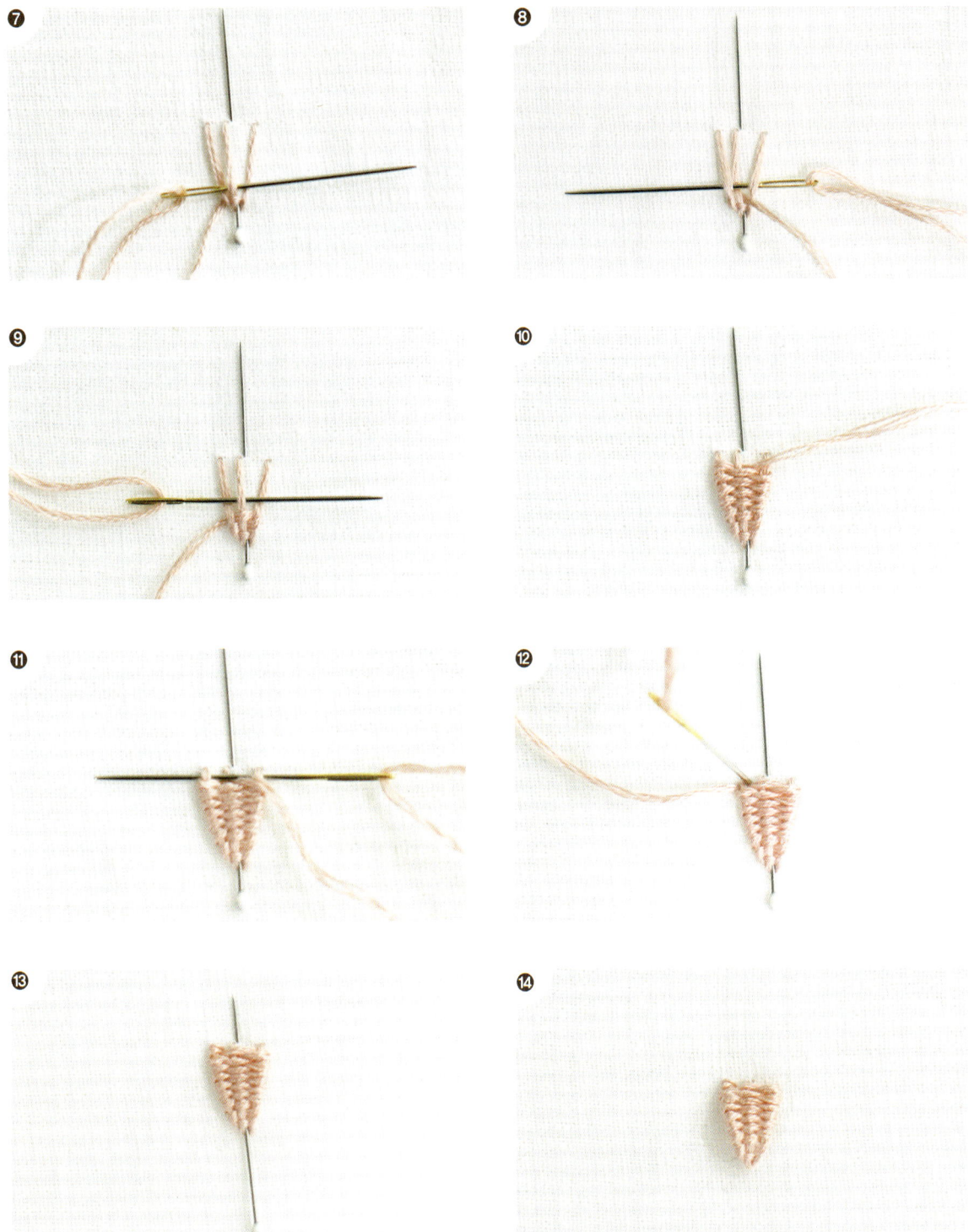

레이즈드 컵 스티치
Raised cup stitch

⑨

⑩

롤 플라워 스티치
Roll flower stitch

❶

❷

❸

❹

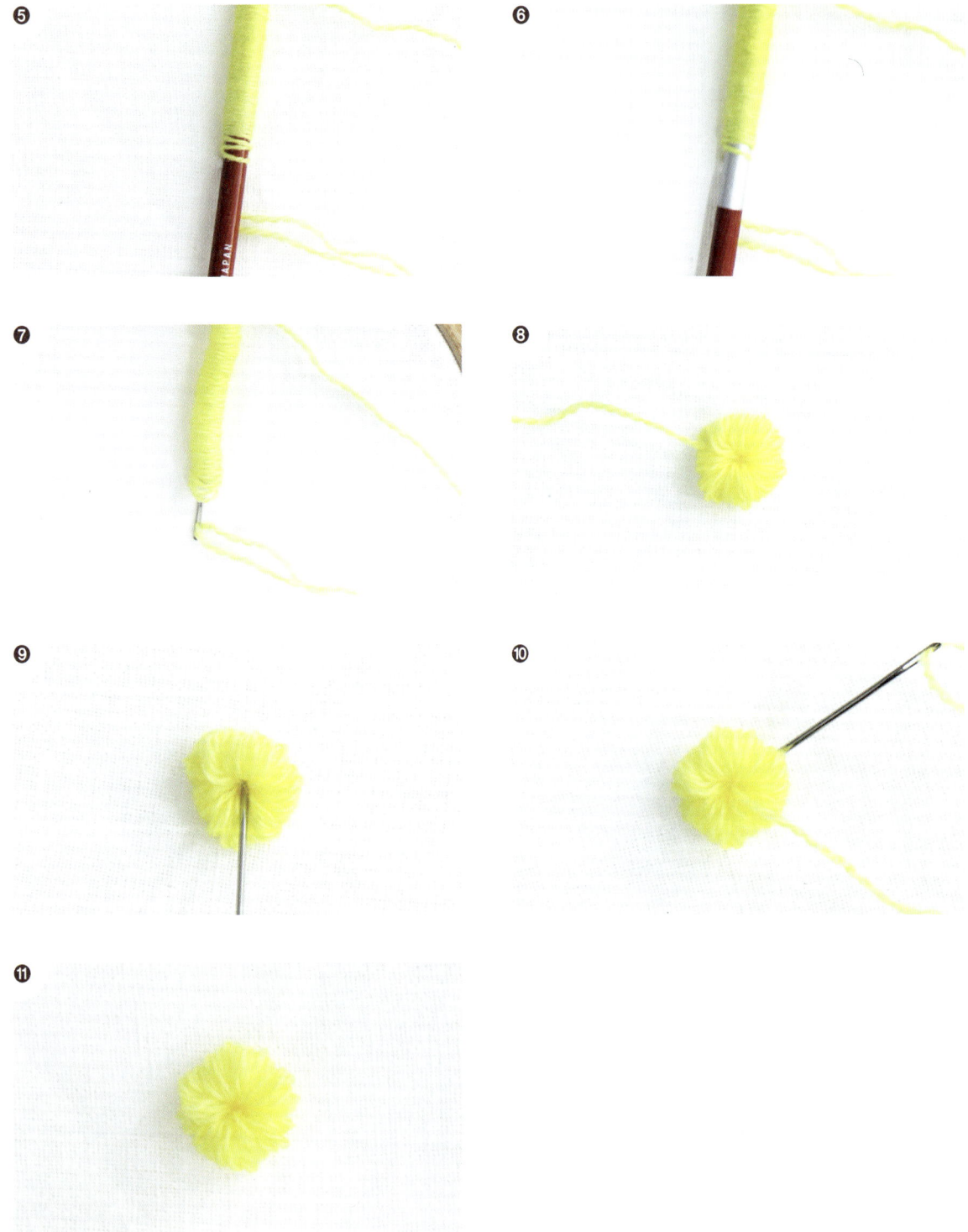

링 버튼홀 스티치
Ring buttonhole stitch

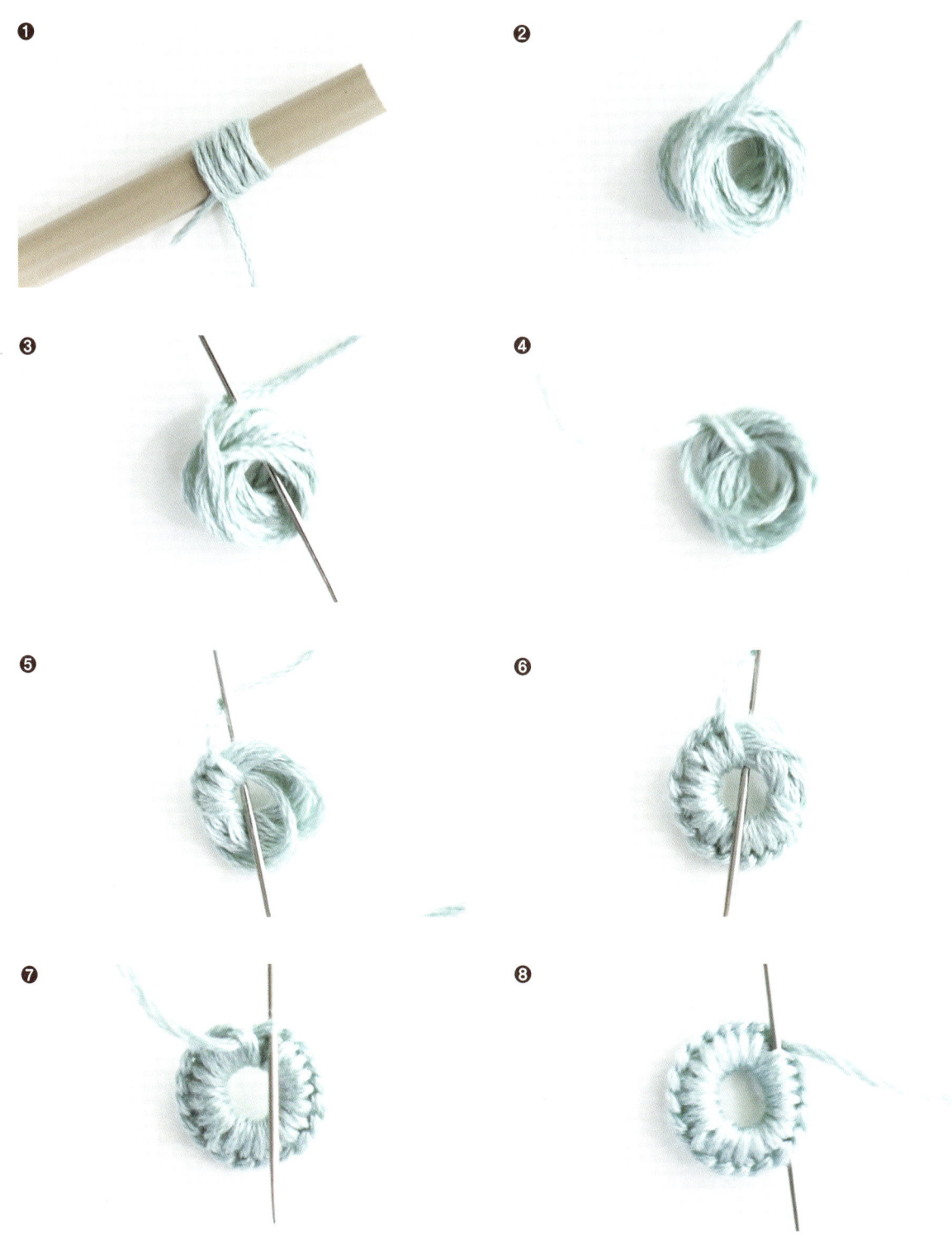

❶

❷

❸

❹

❺

❻

❼

❽

❺

버튼홀 플라워 스티치
Buttonhole flower stitch

❶

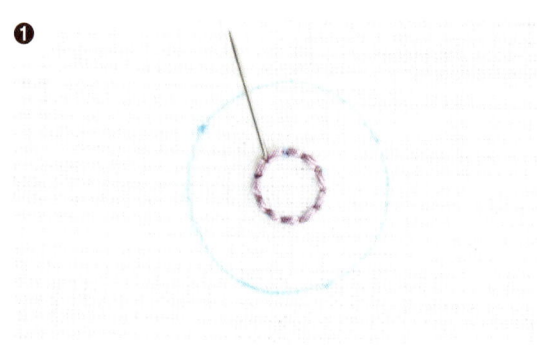

❷

❸

❹

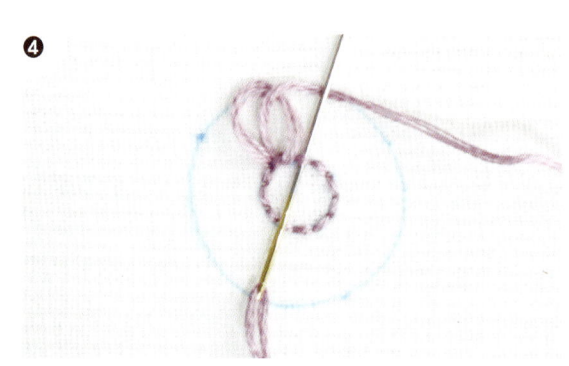

❺

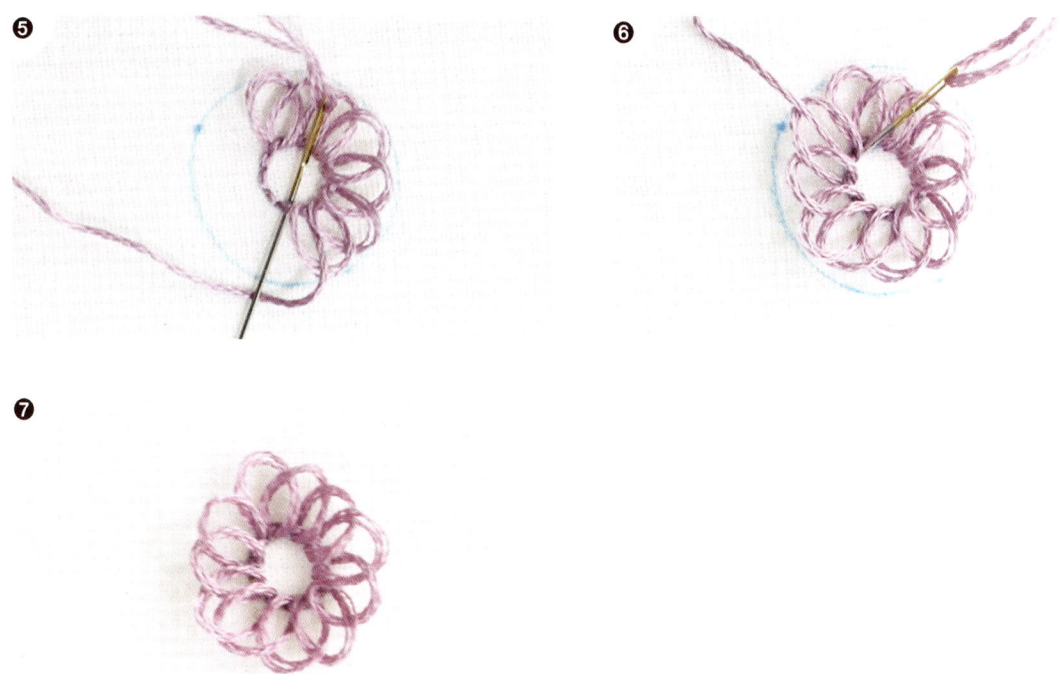

❻

❼

K. Blue's Embroidery

케이블루의
동화 같은 프랑스 자수

자수 준비

사용한 실   DMC 25번사 white, 433, 434, 436, 471, 743, 818, 3031, 3776, 3830, 3893

사용한 스티치   레이지 데이지 스티치, 백 스티치, 불리온 노트 스티치, 새틴 스티치, 스트레이트 스티치, 아우트라인 스티치, 프렌치 노트 스티치, 프리 스티치

사용한 패브릭   11수 아이보리 린넨, 녹색 면 체크(가방)

★도안 별지

스티치

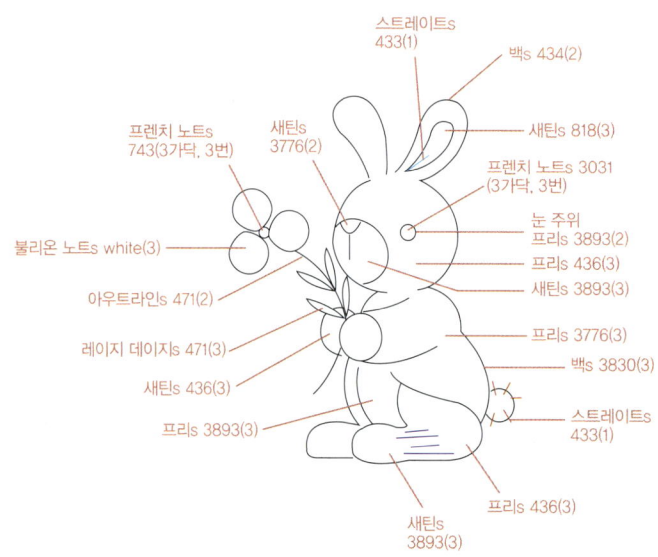

- 스트레이트s 433(1)
- 백s 434(2)
- 새틴 818(3)
- 프렌치 노트s 3031 (3가닥, 3번)
- 눈 주위 프리 3893(2)
- 프리 436(3)
- 새틴 3893(3)
- 프리 3776(3)
- 백s 3830(3)
- 스트레이트s 433(1)
- 프리 436(3)
- 새틴s 3893(3)
- 프리s 3893(3)
- 새틴s 436(3)
- 레이지 데이지s 471(3)
- 아우트라인s 471(2)
- 불리온 노트s white(3)
- 프렌치 노트s 743(3가닥, 3번)
- 새틴s 3776(2)

weeter spot
than all the rest!

자수 준비

백설공주

사용한 실 DMC 25번사 white, 350, 434, 799, 922, 3031, 3752, 3770, 3821, 3822, 3823

사용한 스티치 레이지 데이지 스티치, 백 스티치, 새틴 스티치, 프렌치 노트 스티치, 플라이 스티치

사용한 패브릭 11수 아이보리 린넨

신데렐라

사용한 실 DMC 25번사 white, 160, 433, 434, 436, 932, 3755, 3770, 3841

사용한 스티치 백 스티치, 새틴 스티치, 스트레이트 스티치, 프렌치 노트 스티치

사용한 패브릭 11수 아이보리 린넨

인어공주

사용한 실 DMC 25번사 white, 163, 225, 316, 356, 434, 524, 779, 3064, 3813, 3740, 3770

사용한 스티치 백 스티치, 새틴 스티치, 프렌치 노트 스티치

사용한 패브릭 11수 아이보리 린넨

라푼젤

사용한 실 DMC 25번사 white, 152, 224, 433, 434, 437, 471, 819, 3726, 3770, 3821, 3829

사용한 스티치 백 스티치, 새틴 스티치, 아우트라인 스티치, 크로스 스티치, 프렌치 노트 스티치, 플라이 스티치

사용한 패브릭 11수 아이보리 린넨

★도안 별지

스티치

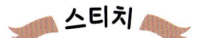

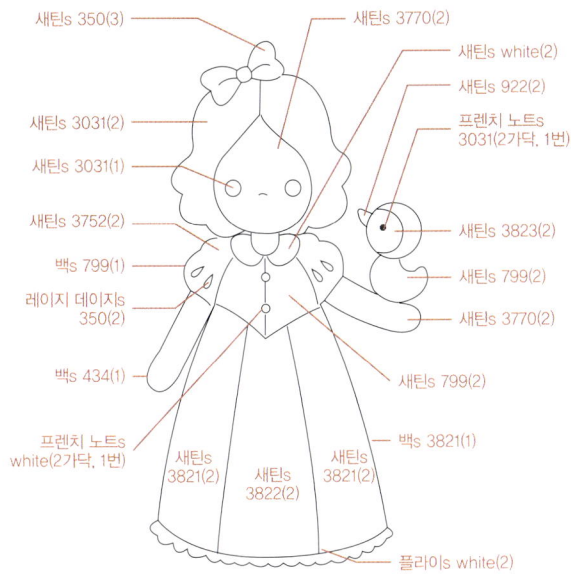

새틴s 350(3)
새틴s 3770(2)
새틴s white(2)
새틴s 922(2)
프렌치 노트s 3031(2가닥, 1번)
새틴s 3031(2)
새틴s 3031(1)
새틴s 3752(2)
백s 799(1)
레이지 데이지s 350(2)
백s 434(1)
프렌치 노트s white(2가닥, 1번)
새틴s 3823(2)
새틴s 799(2)
새틴s 3770(2)
새틴s 799(2)
새틴s 3821(2)
새틴s 3822(2)
새틴s 3821(2)
백s 3821(1)
플라이s white(2)

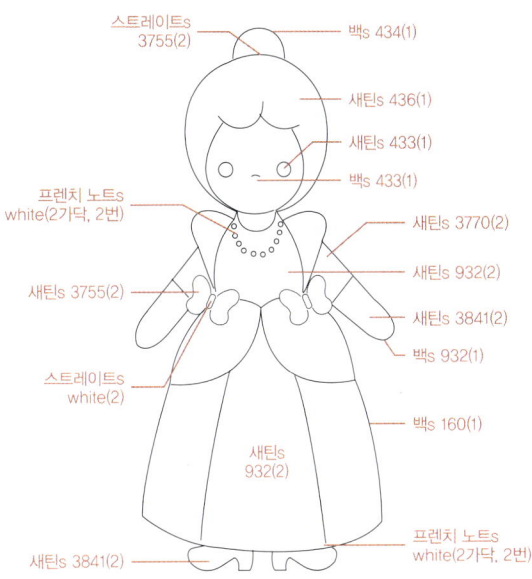

스트레이트s 3755(2)
백s 434(1)
새틴s 436(1)
새틴s 433(1)
백s 433(1)
프렌치 노트s white(2가닥, 2번)
새틴s 3755(2)
스트레이트s white(2)
새틴s 3770(2)
새틴s 932(2)
새틴s 3841(2)
백s 932(1)
백s 160(1)
새틴s 932(2)
새틴s 3841(2)
프렌치 노트s white(2가닥, 2번)

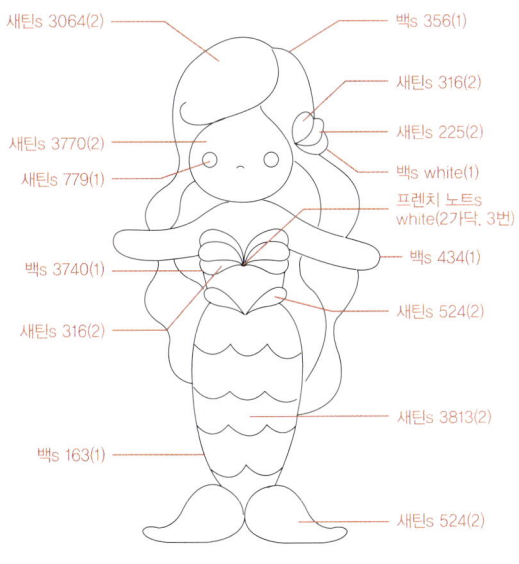

새틴s 3064(2)
백s 356(1)
새틴s 316(2)
새틴s 225(2)
백s white(1)
프렌치 노트s white(2가닥, 3번)
새틴s 3770(2)
새틴s 779(1)
백s 3740(1)
백s 434(1)
새틴s 524(2)
새틴s 316(2)
새틴s 3813(2)
백s 163(1)
새틴s 524(2)

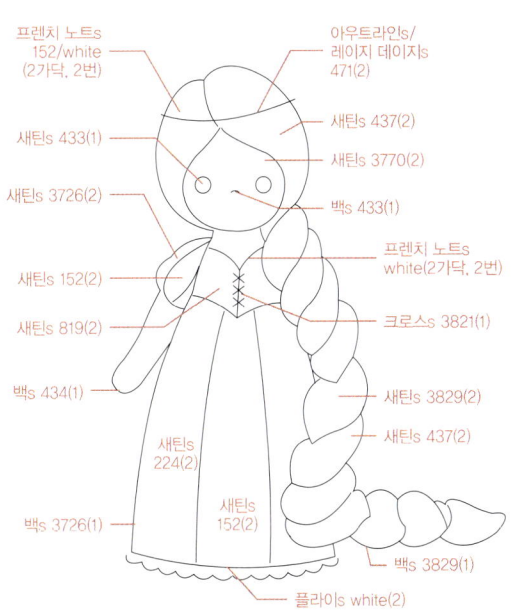

프렌치 노트s 152/white (2가닥, 2번)
아웃라인s/ 레이지 데이지s 471(2)
새틴s 437(2)
새틴s 433(1)
새틴s 3770(2)
새틴s 3726(2)
백s 433(1)
새틴s 152(2)
프렌치 노트s white(2가닥, 2번)
새틴s 819(2)
크로스s 3821(1)
백s 434(1)
새틴s 3829(2)
새틴s 437(2)
새틴s 224(2)
새틴s 152(2)
백s 3726(1)
백s 3829(1)
플라이s white(2)

사용한 실	DMC 25번사 white, 162, 224, 350, 352, 434, 435, 471, 648, 676, 725, 734, 743, 744, 754, 760, 761, 776, 794, 813, 898, 921, 922, 3042, 3346, 3347, 3712, 3863 울사 w991
사용한 스티치	그라니토스 스티치, 러닝 스티치, 레이지 데이지 스티치, 백 스티치, 버튼홀 스티치, 불리온 노트 스티치, 새틴 스티치, 스미르나 스티치, 스트레이트 스티치, 시드 스티치, 아우트라인 스티치, 캐스트 온 스티치, 크로스 스티치, 프렌치 노트 스티치, 플라이 스티치, 피스틸 스티치
사용한 패브릭	11수 아이보리 린넨

★도안 별지

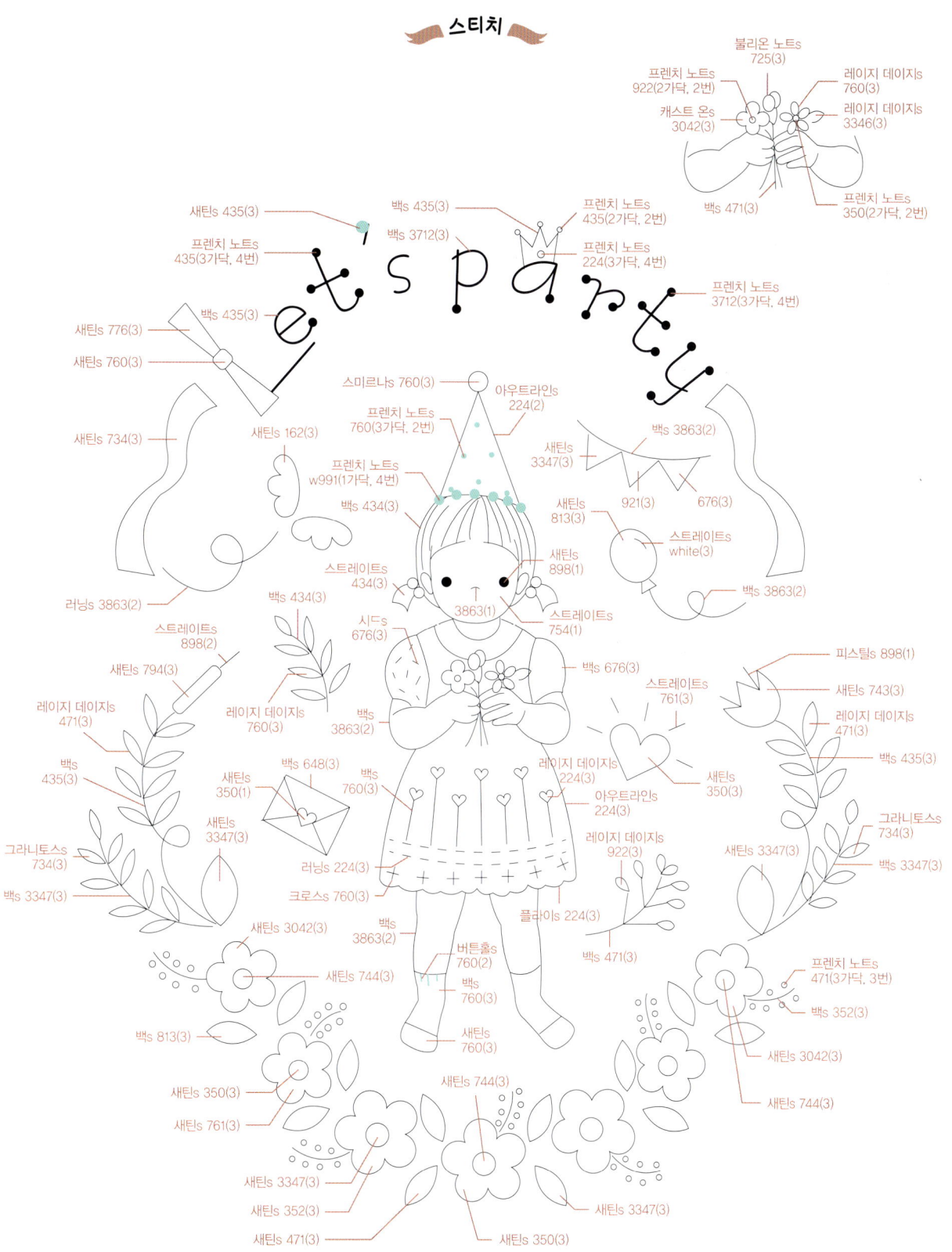

불리온 노트s 725(3)

프렌치 노트s 922(2가닥, 2번)

캐스트 온s 3042(3)

레이지 데이지s 760(3)

레이지 데이지s 3346(3)

백s 471(3)

프렌치 노트s 350(2가닥, 2번)

새틴s 435(3)

프렌치 노트s 435(3가닥, 4번)

백s 435(3)

백s 3712(3)

프렌치 노트s 435(2가닥, 2번)

프렌치 노트s 224(3가닥, 4번)

프렌치 노트s 3712(3가닥, 4번)

새틴s 776(3)

새틴s 760(3)

새틴s 734(3)

새틴s 162(3)

스미르나s 760(3)

아웃라인s 224(2)

프렌치 노트s 760(3가닥, 2번)

백s 3863(2)

새틴s 3347(3)

프렌치 노트s w991(1가닥, 4번)

백s 434(3)

새틴s 813(3)

921(3)

676(3)

스트레이트s 434(3)

새틴s 898(1)

스트레이트s white(3)

러닝 3863(2)

시드s 676(3)

3863(1)

스트레이트s 754(1)

백s 676(3)

백s 3863(2)

스트레이트s 898(2)

새틴s 794(3)

백s 434(3)

스트레이트s 761(3)

피스틸s 898(1)

새틴s 743(3)

레이지 데이지s 471(3)

레이지 데이지s 760(3)

백s 3863(2)

레이지 데이지s 224(3)

새틴s 350(3)

레이지 데이지s 471(3)

백s 435(3)

백s 435(3)

백s 648(3)

새틴s 350(1)

백s 760(3)

아웃라인s 224(3)

그라니토스s 734(3)

새틴s 3347(3)

새틴s 3347(3)

백s 3347(3)

그라니토스s 734(3)

새틴s 3347(3)

러닝 224(3)

레이지 데이지s 922(3)

백s 3347(3)

크로스s 760(3)

플라이s 224(3)

백s 471(3)

백s 3863(2)

버튼홀s 760(2)

프렌치 노트s 471(3가닥, 3번)

새틴s 3042(3)

새틴s 744(3)

백s 760(3)

백s 352(3)

백s 813(3)

새틴s 760(3)

새틴s 3042(3)

새틴s 350(3)

새틴s 744(3)

새틴s 761(3)

새틴s 744(3)

새틴s 3347(3)

새틴s 352(3)

새틴s 3347(3)

새틴s 471(3)

새틴s 350(3)

K. Blue's Embroidery 04

요리하는 날

by K.Blue

자수 준비

사용한 실   DMC 25번사 white, 152, 160, 163, 169, 225, 300, 320, 350, 351, 356, 368, 420, 433, 434, 435, 436, 437, 451, 471, 502, 519, 522, 535, 552, 647, 712, 739, 758, 761, 776, 801, 813, 822, 826, 827, 829, 839, 841, 922, 932, 938, 976, 986, 987, 989, 3022, 3031, 3346, 3362, 3363, 3364, 3371, 3752, 3753, 3772, 3820, 3828, 3830, 3841, 3863

사용한 스티치   그라니토스 스티치, 다닝 스티치, 러닝 스티치, 레이지 데이지 스티치, 바스켓 스티치, 백 스티치, 버튼홀 스티치, 불리온 스티치, 새틴 스티치, 스미르나 스티치, 스트레이트 스티치, 스플릿 백 스티치, 시드 스티치, 아우트라인 스티치, 저먼 노트 스티치, 체인 스티치, 크로스 스티치, 프렌치 노트 스티치, 프리 스티치, 플라이 스티치, 휘프트 백 스티치, 휘프트 체인 스티치

사용한 패브릭   11수 아이보리 린넨

★도안 별지

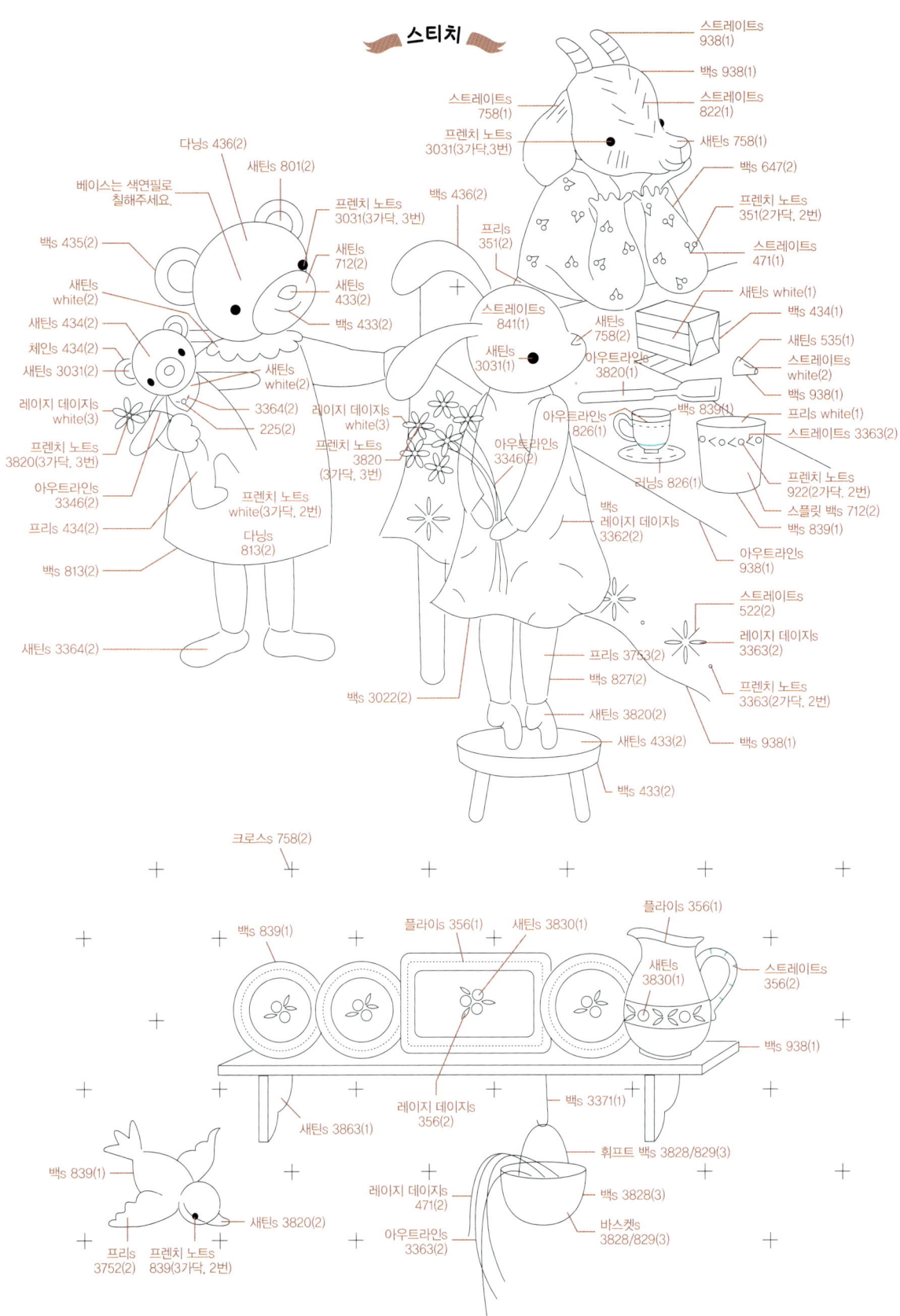

스티치

스트레이트s 938(1)
백s 938(1)
스트레이트s 822(1)
스트레이트s 758(1)
프렌치 노트s 3031(3가닥,3번)
새틴s 758(1)
백s 647(2)
프렌치 노트s 351(2가닥, 2번)
스트레이트s 471(2)
새틴s white(1)
백s 434(1)
새틴s 535(1)
스트레이트s white(2)
백s 938(1)
프리s white(1)
스트레이트s 3363(2)
프렌치 노트s 922(2가닥, 2번)
스플릿 백s 712(2)
백s 839(1)

다닝s 436(2)
새틴s 801(2)
베이스는 색연필로 칠해주세요.
백s 436(2)
프리s 351(2)
백s 435(2)
프렌치 노트s 3031(3가닥, 3번)
새틴s 712(2)
새틴s 433(2)
백s 433(2)
스트레이트s 841(1)
새틴s 758(2)
새틴s 3031(1)
아웃트라인s 3820(1)

새틴s white(2)
새틴s 434(2)
체인s 434(2)
새틴s 3031(2)
레이지 데이지s white(3)
프렌치 노트s 3820(3가닥, 3번)
아웃트라인s 3346(2)
프리s 434(2)
백s 813(2)
새틴s white(2)
3364(2)
225(2)
레이지 데이지s white(3)
프렌치 노트s 3820(3가닥, 3번)
아웃트라인s 3346(2)
아웃트라인s 826(1)
백s 839(1)
러닝s 826(1)
백s 레이지 데이지s 3362(2)
아웃트라인s 938(1)
스트레이트s 522(2)
레이지 데이지s 3363(2)
프렌치 노트s 3363(2가닥, 2번)

프렌치 노트s white(3가닥, 2번)
다닝s 813(2)
새틴s 3364(2)
백s 3022(2)
프리s 3753(2)
백s 827(2)
새틴s 3820(2)
새틴s 433(2)
백s 938(1)
백s 433(2)

크로스s 758(2)

백s 839(1)
플라이s 356(1)
새틴s 3830(1)
플라이s 356(1)
새틴s 3830(1)
스트레이트s 356(2)
백s 938(1)
새틴s 3863(1)
레이지 데이지s 356(2)
백s 3371(1)
휘프트 백s 3828/829(3)
백s 3828(3)
바스켓s 3828/829(3)

백s 839(1)
새틴s 3820(2)
프리s 3752(2)
프렌치 노트s 839(3가닥, 2번)
레이지 데이지s 471(2)
아웃트라인s 3363(2)

072

by K.Blue

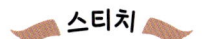

스티치

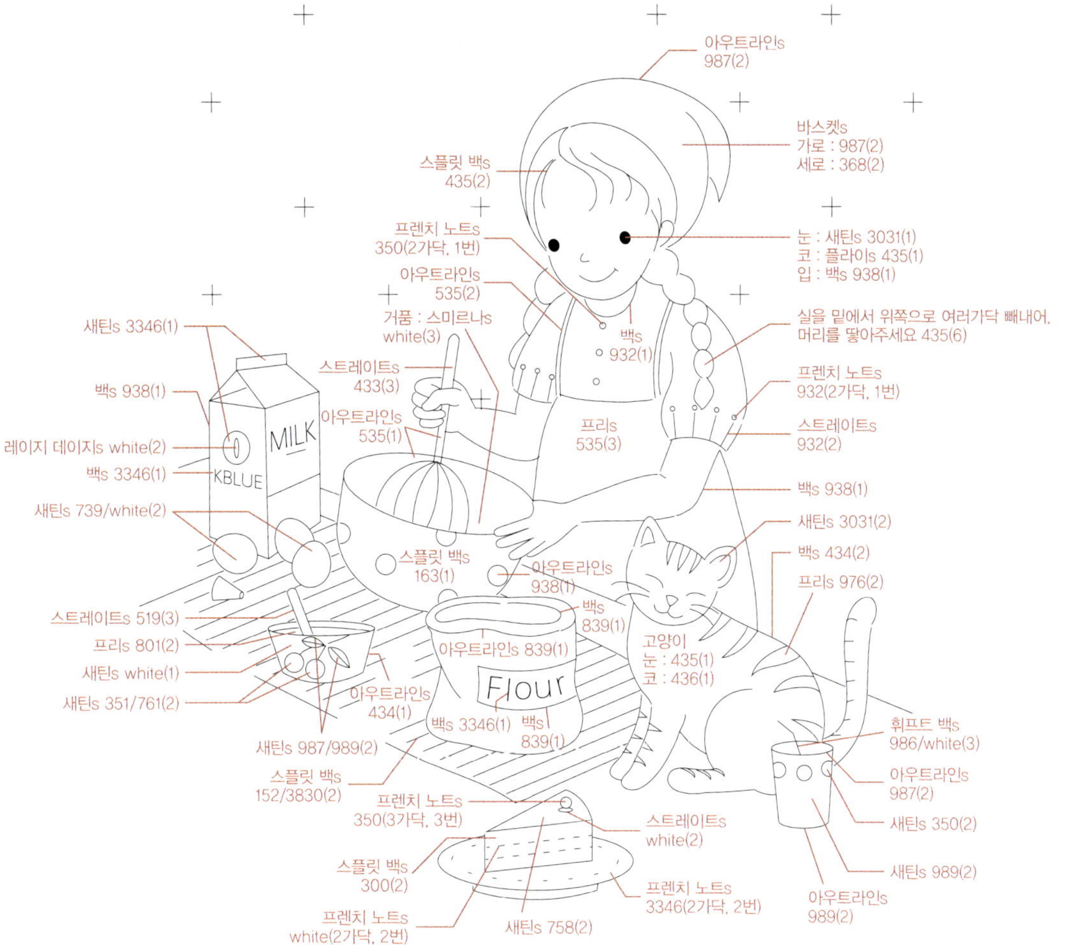

아웃라인s
987(2)

바스켓s
가로 : 987(2)
세로 : 368(2)

스플릿 백s
435(2)

눈 : 새틴s 3031(1)
코 : 플라이s 435(1)
입 : 백s 938(1)

프렌치 노트s
350(2가닥, 1번)

아웃라인s
535(2)

거품 : 스미르나s
white(3)

백s
932(1)

실을 밑에서 위쪽으로 여러가닥 빼내어,
머리를 땋아주세요 435(6)

새틴s 3346(1)

백s 938(1)

레이지 데이지s white(2)

백s 3346(1)

새틴s 739/white(2)

스트레이트s
433(3)

아웃라인s
535(1)

프리s
535(3)

프렌치 노트s
932(2가닥, 1번)

스트레이트s
932(2)

백s 938(1)

새틴s 3031(2)

백s 434(2)

프리s 976(2)

스플릿 백s
163(1)

아웃라인s
938(1)

백s
839(1)

고양이
눈 : 435(1)
코 : 436(1)

스트레이트s 519(3)

프리s 801(2)

새틴s white(1)

새틴s 351/761(2)

아웃라인 839(1)

Flour

아웃라인s
434(1)

백s 3346(1)

백s
839(1)

휘프트 백s
986/white(3)

아웃라인s
987(2)

새틴s 987/989(2)

스플릿 백s
152/3830(2)

프렌치 노트s
350(3가닥, 3번)

스트레이트s
white(2)

새틴s 350(2)

새틴s 989(2)

스플릿 백s
300(2)

프렌치 노트s
3346(2가닥, 2번)

아웃라인s
989(2)

프렌치 노트s
white(2가닥, 2번)

새틴s 758(2)

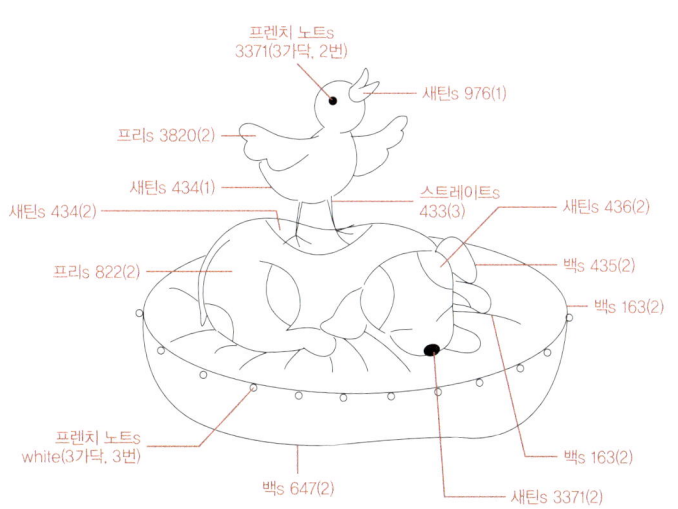

프렌치 노트s
3371(3가닥, 2번)

새틴s 976(1)

프리s 3820(2)

새틴s 434(1)

스트레이트s
433(3)

새틴s 436(2)

새틴s 434(2)

백s 435(2)

프리s 822(2)

백s 163(2)

프렌치 노트s
white(3가닥, 3번)

백s 163(2)

백s 647(2)

새틴s 3371(2)

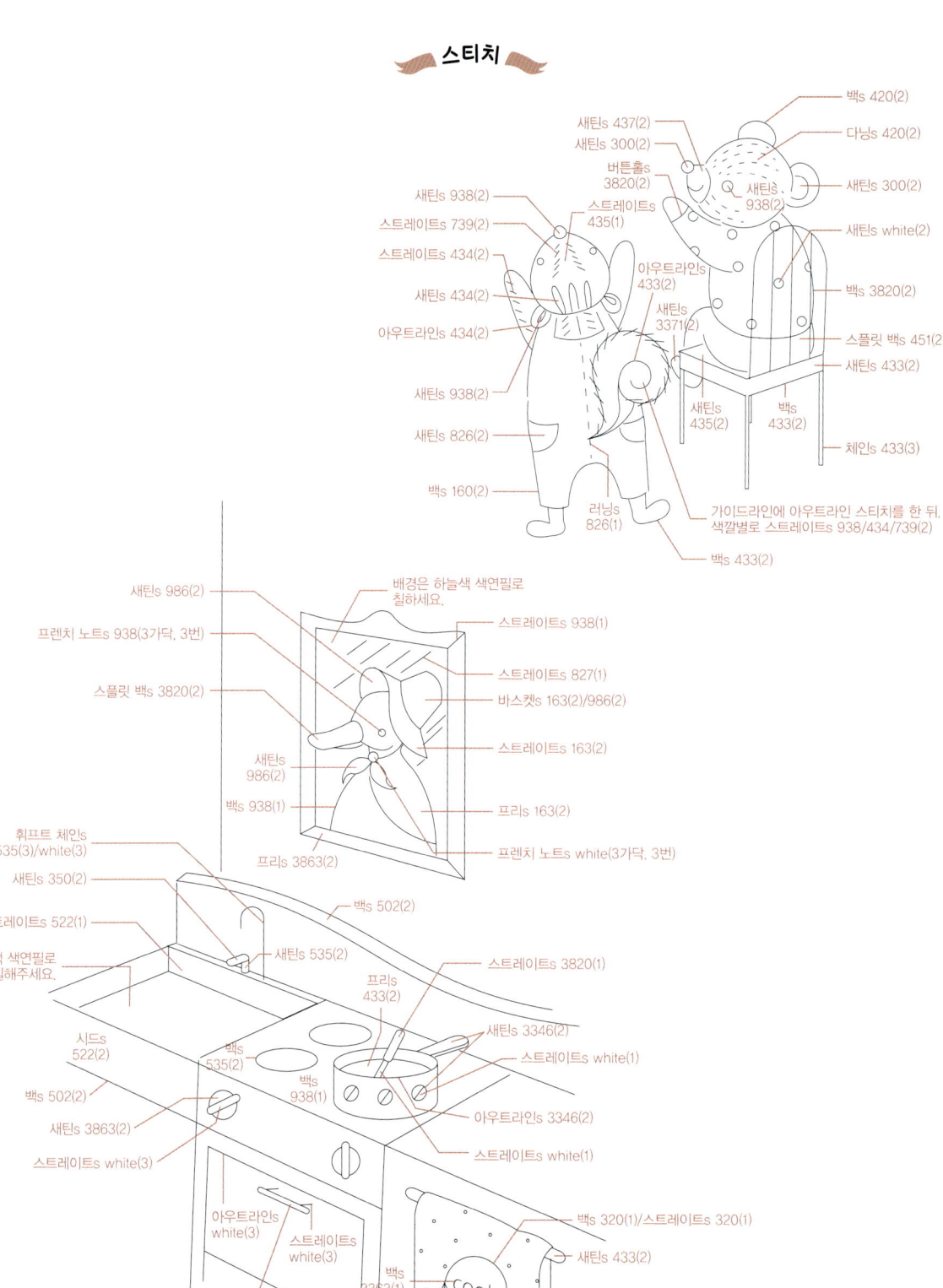

백s 420(2)

새틴s 437(2)
새틴s 300(2)

버튼홀s
3820(2)

다닝s 420(2)

새틴s 300(2)

새틴s
938(2)

새틴s 938(2)

스트레이트s
435(1)

새틴s white(2)

스트레이트s 739(2)

스트레이트s 434(2)

아웃라인s
433(2)

백s 3820(2)

새틴s 434(2)

새틴s
3371(2)

스플릿 백s 451(2)

아웃라인s 434(2)

새틴s 433(2)

새틴s 938(2)

새틴s
435(2)

백s
433(2)

새틴s 826(2)

체인s 433(3)

백s 160(2)

러닝s
826(1)

가이드라인에 아웃라인 스티치를 한 뒤,
색깔별로 스트레이트s 938/434/739(2)

백s 433(2)

새틴s 986(2)

배경은 하늘색 색연필로
칠하세요.

스트레이트s 938(1)

프렌치 노트s 938(3가닥, 3번)

스트레이트s 827(1)

바스켓s 163(2)/986(2)

스플릿 백s 3820(2)

스트레이트s 163(2)

새틴s
986(2)

프리s 163(2)

백s 938(1)

프렌치 노트s white(3가닥, 3번)

프리s 3863(2)

휘프트 체인s
535(3)/white(3)

새틴s 350(2)

백s 502(2)

스트레이트s 522(1)

새틴s 535(2)

회색 색연필로
칠해주세요.

스트레이트s 3820(1)

프리s
433(2)

새틴s 3346(2)

시드s
522(2)

백s
535(2)

스트레이트s white(1)

백s
938(1)

백s 502(2)

새틴s 3863(2)

아웃라인s 3346(2)

스트레이트s white(3)

스트레이트s white(1)

아웃라인s
white(3)

스트레이트s
white(3)

백s 320(1)/스트레이트s 320(1)

새틴s 433(2)

백s
3363(1)

cook

백s 938(1)

스트레이트s
3863(2)

프렌치 노트s 522(1가닥, 2번)

프렌치 노트s
3820(1가닥, 2번)

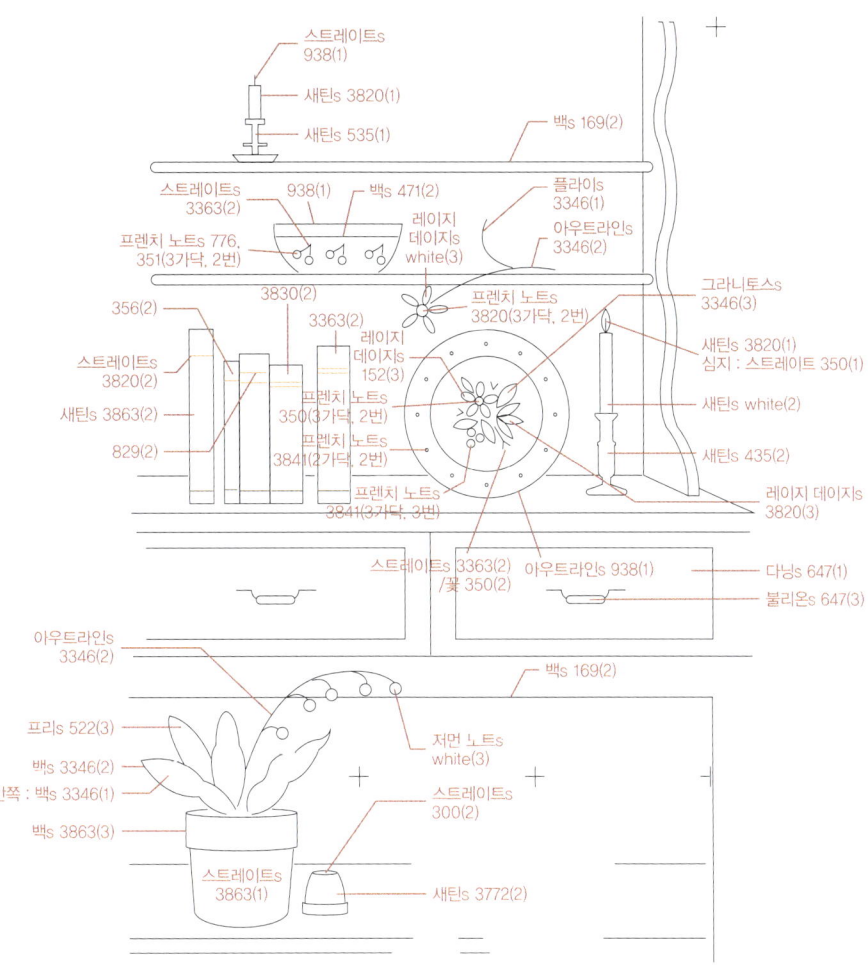

스트레이트s
938(1)

새틴s 3820(1)

새틴s 535(1)

백s 169(2)

스트레이트s
3363(2)

938(1)

백s 471(2)

플라이s
3346(1)

아웃라인s
3346(2)

프렌치 노트s 776,
351(3가닥, 2번)

레이지
데이지s
white(3)

프렌치 노트s
3820(3가닥, 2번)

그라니토스s
3346(3)

3830(2)

356(2)

3363(2)

새틴s 3820(1)
심지 : 스트레이트 350(1)

스트레이트s
3820(2)

레이지
데이지s
152(3)

새틴s white(2)

새틴s 3863(2)

프렌치 노트s
350(3가닥, 2번)

829(2)

프렌치 노트s
3841(2가닥, 2번)

새틴s 435(2)

레이지 데이지s
3820(3)

프렌치 노트s
3841(3가닥, 3번)

스트레이트s 3363(2)
/꽃 350(2)

아웃라인s 938(1)

다닝s 647(1)

불리온s 647(3)

아웃라인s
3346(2)

백s 169(2)

프리s 522(3)

저먼 노트s
white(3)

백s 3346(2)

안쪽 : 백s 3346(1)

스트레이트s
300(2)

백s 3863(3)

스트레이트s
3863(1)

새틴s 3772(2)

플라이s 535(2)

백s 535(1)

프렌치 노트s 3371(3가닥, 4번)

백s 535(1)

스트레이트s 152(1)

백s 535(2)

아웃라인s 152(1)

체인s 502(3)

아웃라인s 3841/white(2)

아웃라인s 502(2)

스트레이트s 522(1)

스트레이트s 3362(1)

백s 502(2)

프렌치 노트s 350(2가닥, 2번)

새틴s 471(2)

백s 471(2)

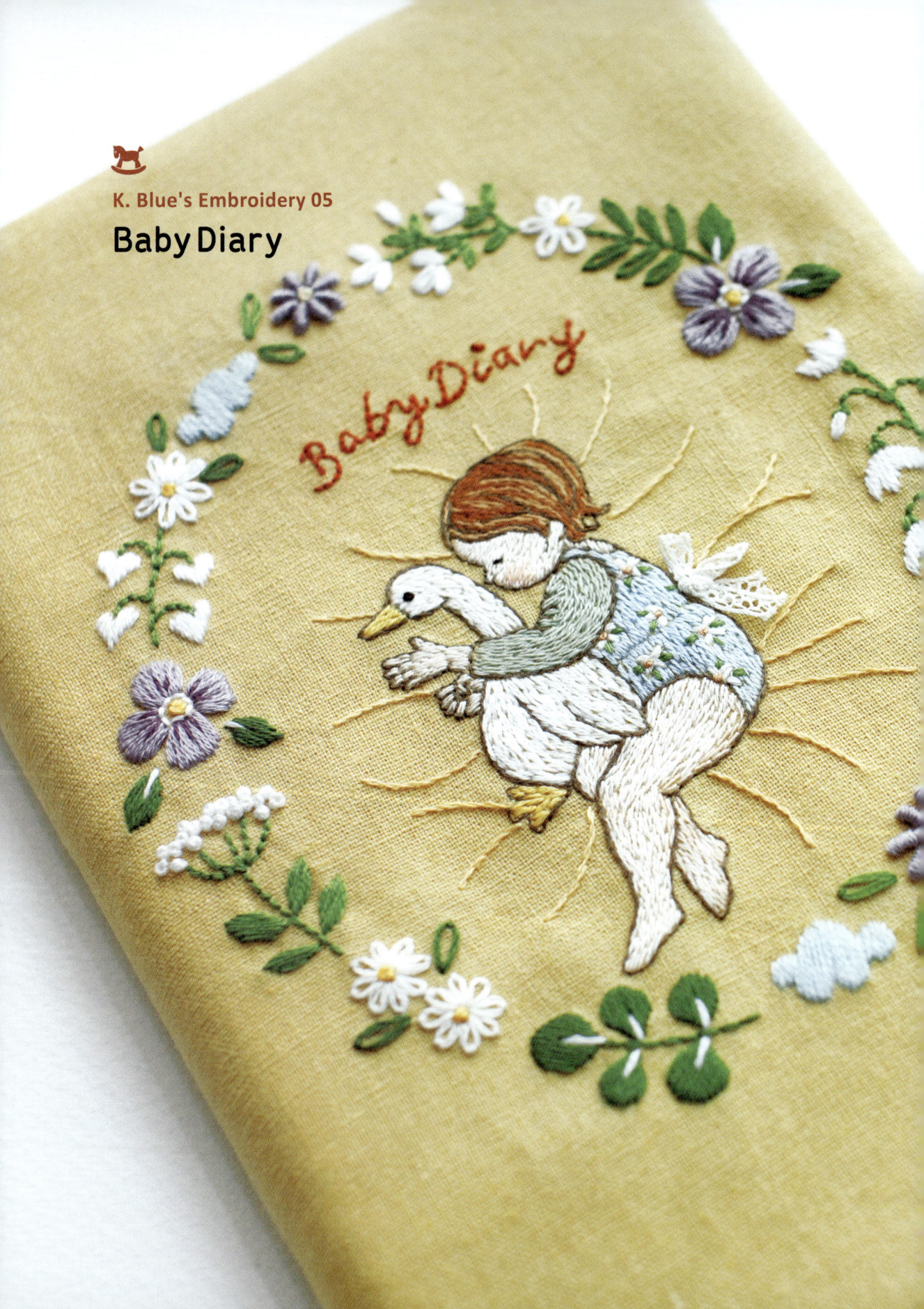

자수 준비

사용한 실   DMC 25번사 white, 402, 434, 436, 471, 522, 524, 676, 712, 743, 745, 828, 839, 920, 945, 3031, 3041, 3042, 3346, 3347, 3770, 3771, 3820, 3821, 3841

사용한 스티치   그라니토스 스티치, 레이지 데이지 스티치, 백 스티치, 불리온 스티치, 새틴 스티치, 스트레이트 스티치, 스플릿 백 스티치, 아우트라인 스티치, 프렌치 노트 스티치, 프리 스티치

사용한 패브릭   11수 머스터드 린넨

★도안 별지

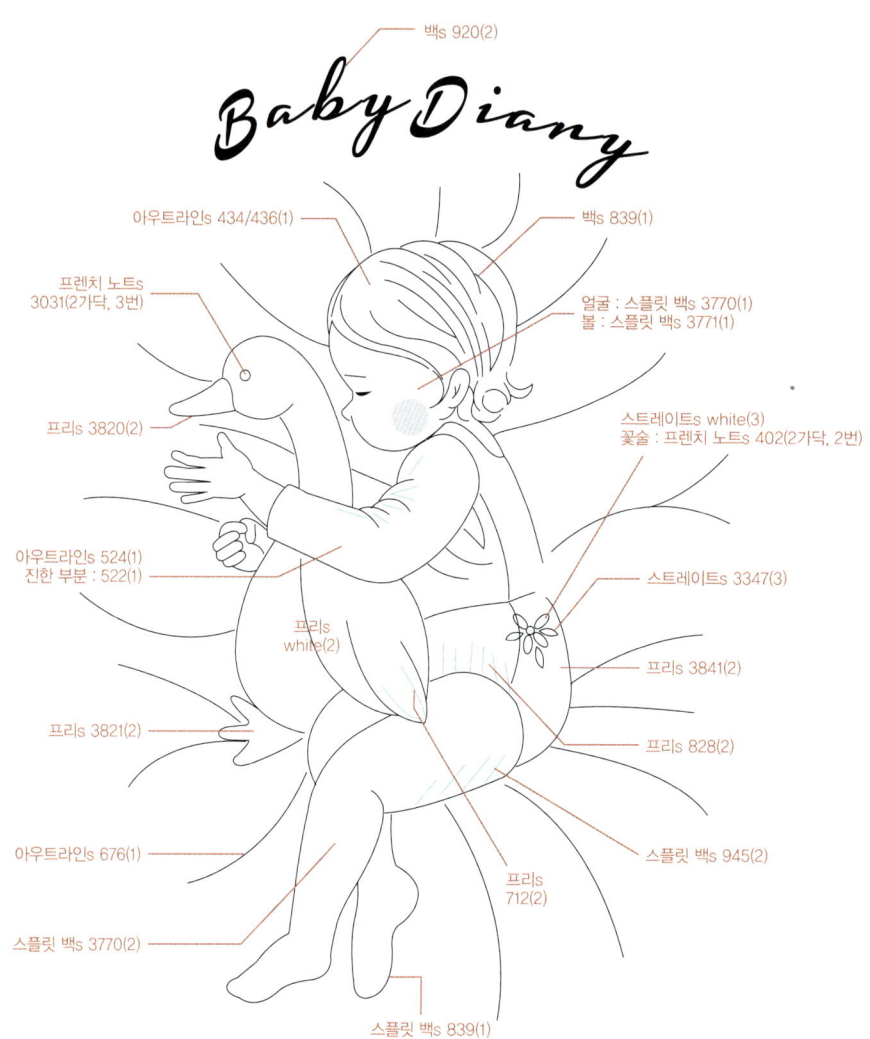

백s 920(2)

Baby Diary

아우트라인s 434/436(1)

백s 839(1)

프렌치 노트s
3031(2가닥, 3번)

얼굴 : 스플릿 백s 3770(1)
볼 : 스플릿 백s 3771(1)

프리s 3820(2)

스트레이트s white(3)
꽃술 : 프렌치 노트s 402(2가닥, 2번)

아우트라인s 524(1)
진한 부분 : 522(1)

스트레이트s 3347(3)

프리s
white(2)

프리s 3841(2)

프리s 3821(2)

프리s 828(2)

아우트라인s 676(1)

프리s
712(2)

스플릿 백s 945(2)

스플릿 백s 3770(2)

스플릿 백s 839(1)

스티치

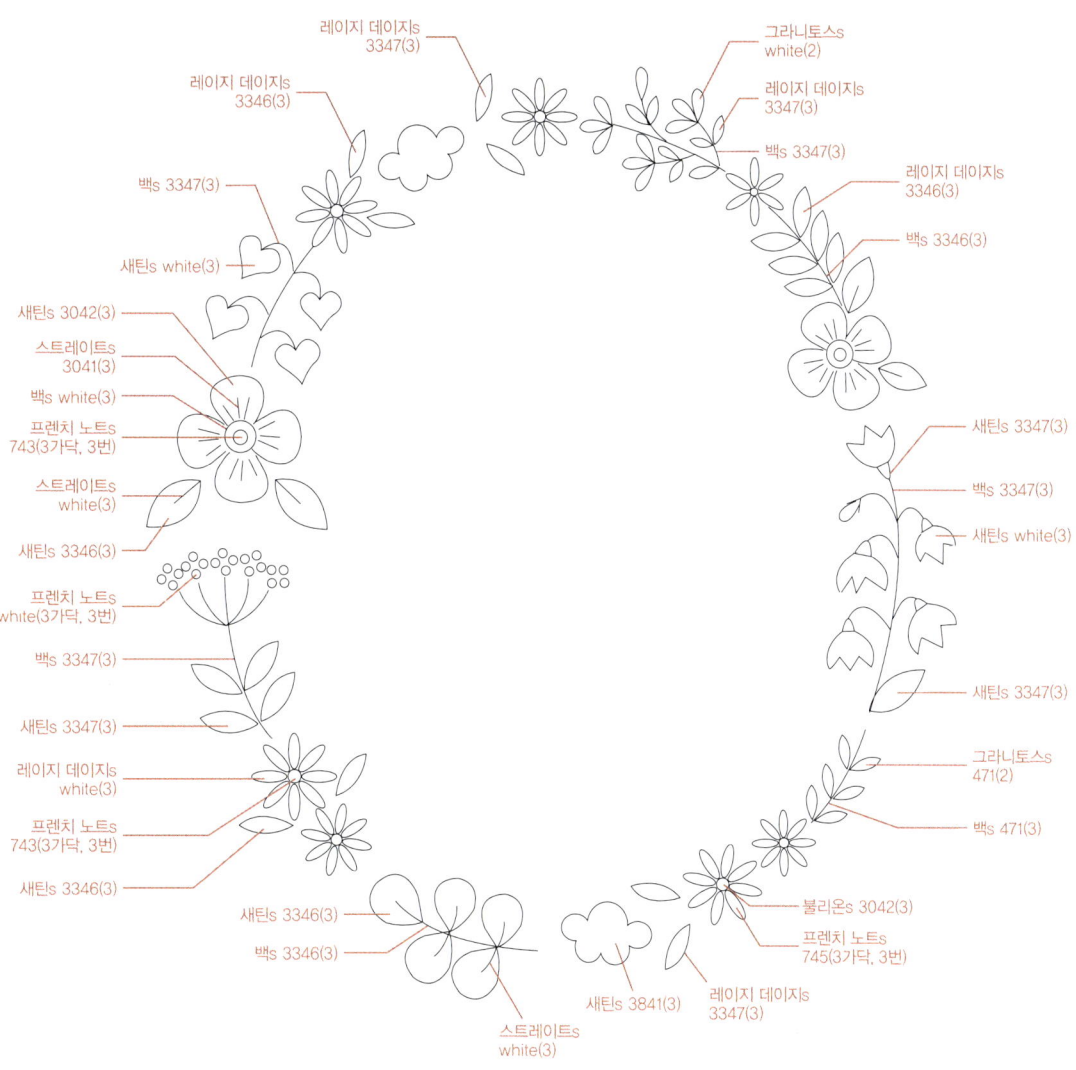

레이지 데이지s
3347(3)

그라니토스s
white(2)

레이지 데이지s
3346(3)

레이지 데이지s
3347(3)

백s 3347(3)

백s 3347(3)

레이지 데이지s
3346(3)

새틴s white(3)

백s 3346(3)

새틴s 3042(3)

스트레이트s
3041(3)

백s white(3)

프렌치 노트s
743(3가닥, 3번)

스트레이트s
white(3)

새틴 3347(3)

새틴s 3346(3)

백s 3347(3)

프렌치 노트s
white(3가닥, 3번)

새틴s white(3)

백s 3347(3)

새틴s 3347(3)

레이지 데이지s
white(3)

새틴s 3347(3)

프렌치 노트s
743(3가닥, 3번)

그라니토스s
471(2)

새틴s 3346(3)

백s 471(3)

새틴s 3346(3)

불리온s 3042(3)

백s 3346(3)

프렌치 노트s
745(3가닥, 3번)

새틴s 3841(3)

레이지 데이지s
3347(3)

스트레이트s
white(3)

K. Blue's Embroidery 06
피크닉

자수 준비

사용한 실   DMC 25번사, 372, 435, 610, 613, 646, 758, 840, 904, 3023, 3024, 3031, 3032, 3053, 3363, 3820, 3822, 3830, 3863

사용한 스티치   러닝 스티치, 레이지 데이지 스티치, 버튼홀 스티치, 백 스티치, 불리온 노트 스티치 , 새틴 스티치, 스트레이트 스티치, 아우트라인 스티치, 체인 스티치, 케이블 스티치, 프렌치 노트 스티치, 플라이 스티치

사용한 패브릭   11수 아이보리 린넨

★도안 별지

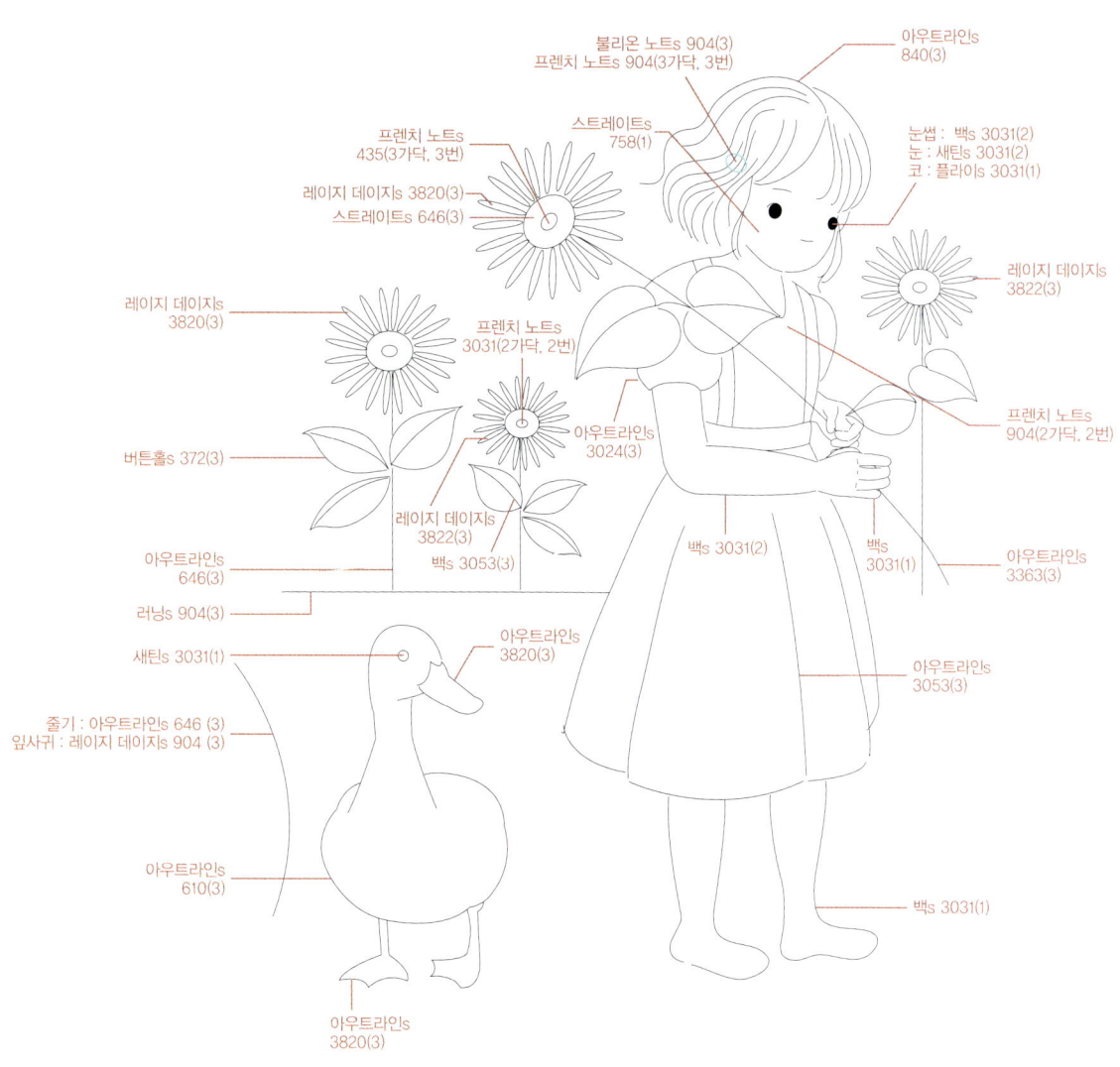

불리온 노트s 904(3)
프렌치 노트s 904(3가닥, 3번)

스트레이트s
758(1)

아우트라인s
840(3)

프렌치 노트s
435(3가닥, 3번)

눈썹 : 백s 3031(2)
눈 : 새틴s 3031(2)
코 : 플라이s 3031(1)

레이지 데이지s 3820(3)
스트레이트s 646(3)

레이지 데이지s
3822(3)

레이지 데이지s
3820(3)

프렌치 노트s
3031(2가닥, 2번)

프렌치 노트s
904(2가닥, 2번)

버튼홀s 372(3)

아우트라인s
3024(3)

레이지 데이지s
3822(3)

아우트라인s
646(3)

백s 3053(3)

백s 3031(2)

백s
3031(1)

아우트라인s
3363(3)

러닝s 904(3)

새틴s 3031(1)

아우트라인s
3820(3)

아우트라인s
3053(3)

줄기 : 아우트라인s 646 (3)
잎사귀 : 레이지 데이지s 904 (3)

아우트라인s
610(3)

백s 3031(1)

아우트라인s
3820(3)

087

스티치

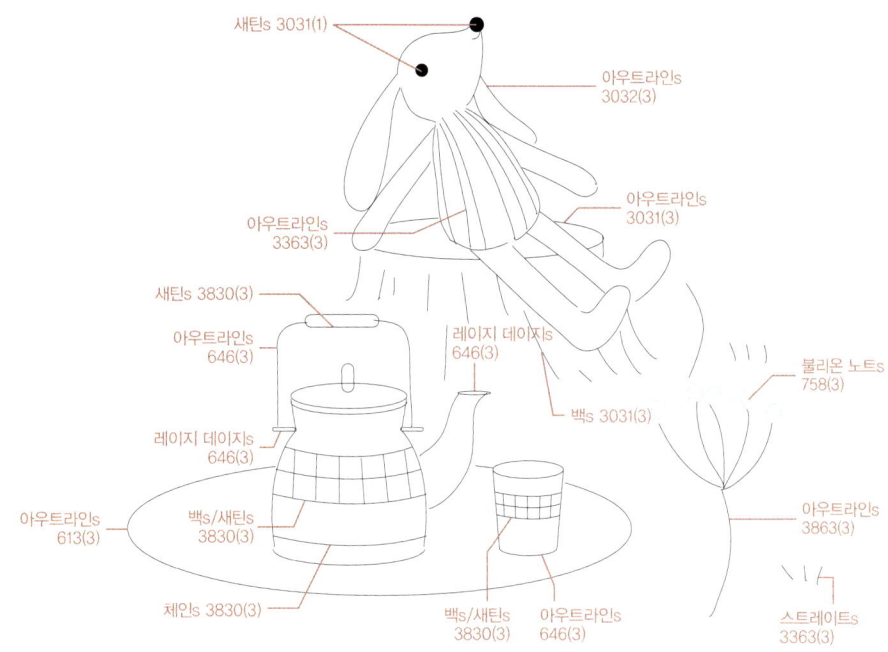

새틴s 3031(1)

아우트라인s
3032(3)

아우트라인s
3031(3)

아우트라인s
3363(3)

새틴s 3830(3)

아우트라인s
646(3)

레이지 데이지s
646(3)

불리온 노트s
758(3)

레이지 데이지s
646(3)

백 3031(3)

아우트라인s
613(3)

백s/새틴s
3830(3)

아우트라인s
3863(3)

체인s 3830(3)

백s/새틴s
3830(3)

아우트라인s
646(3)

스트레이트s
3363(3)

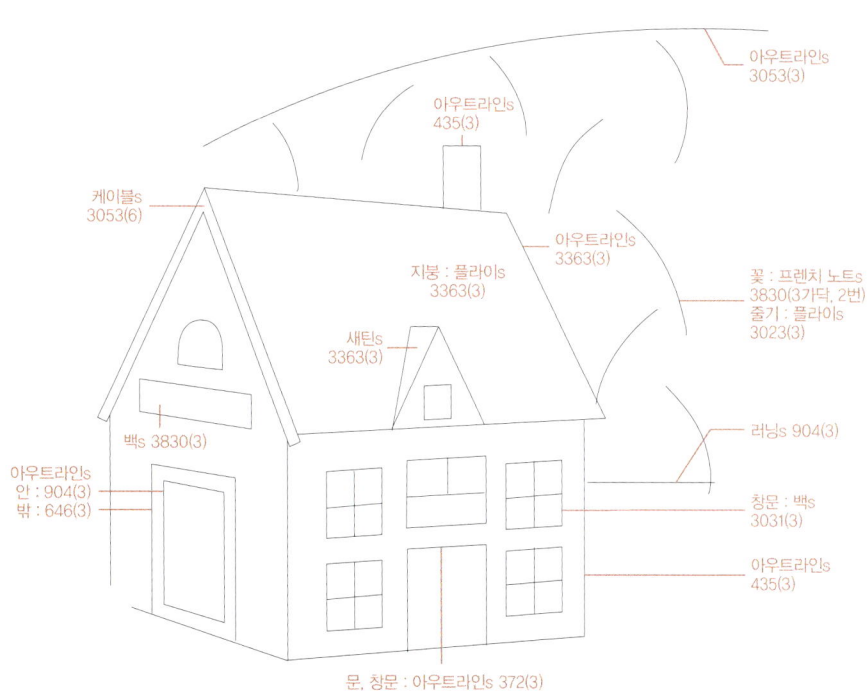

아우트라인s
3053(3)

아우트라인s
435(3)

케이블s
3053(6)

아우트라인s
3363(3)

지붕 : 플라이s
3363(3)

꽃 : 프렌치 노트s
3830(3가닥, 2번)
줄기 : 플라이s
3023(3)

새틴s
3363(3)

러닝s 904(3)

백s 3830(3)

아우트라인s
안 : 904(3)
밖 : 646(3)

창문 : 백s
3031(3)

아우트라인s
435(3)

문, 창문 : 아우트라인s 372(3)

MUSIC

자수 준비

사용한 실   DMC 25번사 ecru, white, 163, 210, 225, 320, 341, 368, 370, 372, 402, 434, 436, 470, 471, 472, 519, 522, 523, 524, 580, 725, 726, 727, 742, 743, 758, 760, 761, 779, 783, 792, 794, 801, 819, 938, 948, 987, 989, 3031, 3046, 3325, 3346, 3348, 3363, 3364, 3371, 3687, 3740, 3743, 3755, 3807, 3823, 3835, 3836, 3841

사용한 스티치   그라니토스 스티치, 더블 캐스트 온 스티치, 레이즈드 리프 스티치, 레이지 데이지 스티치, 로제트 스티치, 리프 스티치, 버튼홀 플라워 스티치, 백 스티치, 새틴 스티치, 스미르나 스티치, 스트레이트 스티치, 스파이더 웹 로즈 스티치, 스플릿 백 스티치, 아웃라인 스티치, 아웃라인 필링 스티치, 저먼 노트 스티치, 페더 스티치, 프렌치 노트 스티치, 플라이 스티치, 플랫 스티치

사용한 패브릭   11수 아이보리 린넨

★도안 별지

스티치

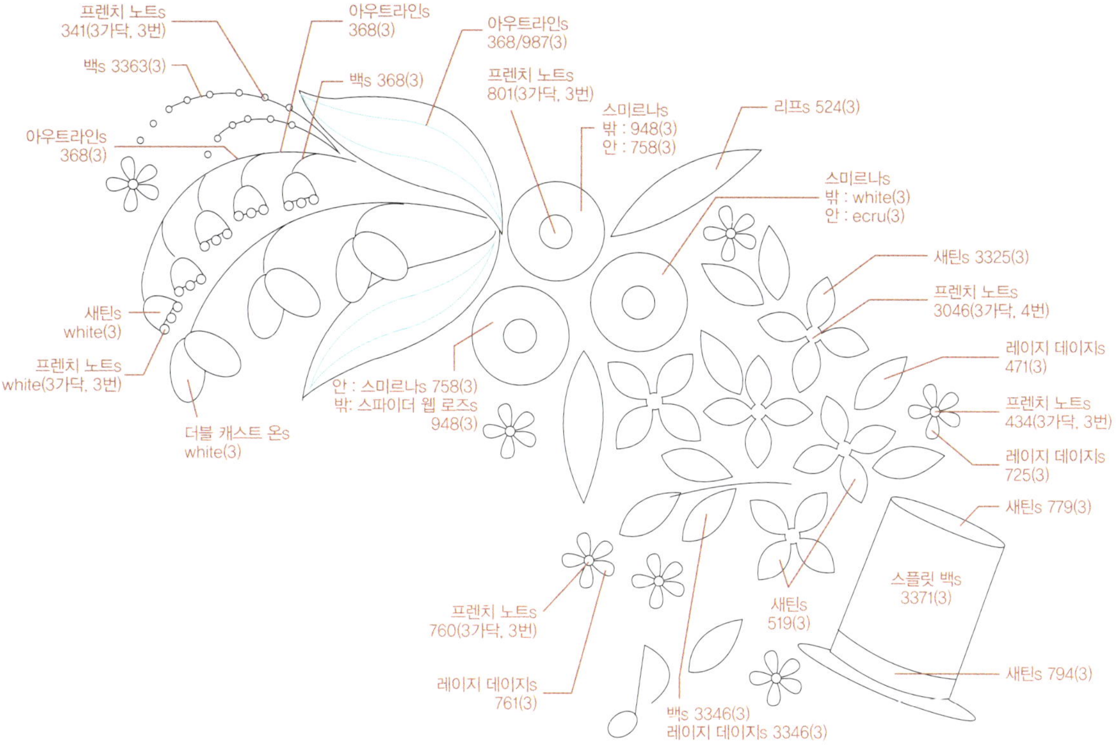

프렌치 노트s
341(3가닥, 3번)

아우트라인s
368(3)

아우트라인s
368/987(3)

백s 3363(3)

백s 368(3)

프렌치 노트s
801(3가닥, 3번)

스미르나s
밖 : 948(3)
안 : 758(3)

리프s 524(3)

아우트라인s
368(3)

스미르나s
밖 : white(3)
안 : ecru(3)

새틴s 3325(3)

프렌치 노트s
3046(3가닥, 4번)

레이지 데이지s
471(3)

프렌치 노트s
434(3가닥, 3번)

레이지 데이지s
725(3)

새틴s 779(3)

새틴s
white(3)

프렌치 노트s
white(3가닥, 3번)

더블 캐스트 온s
white(3)

안 : 스미르나s 758(3)
밖 : 스파이더 웹 로즈s
948(3)

스플릿 백s
3371(3)

새틴s 794(3)

프렌치 노트s
760(3가닥, 3번)

새틴s
519(3)

레이지 데이지s
761(3)

백s 3346(3)
레이지 데이지s 3346(3)

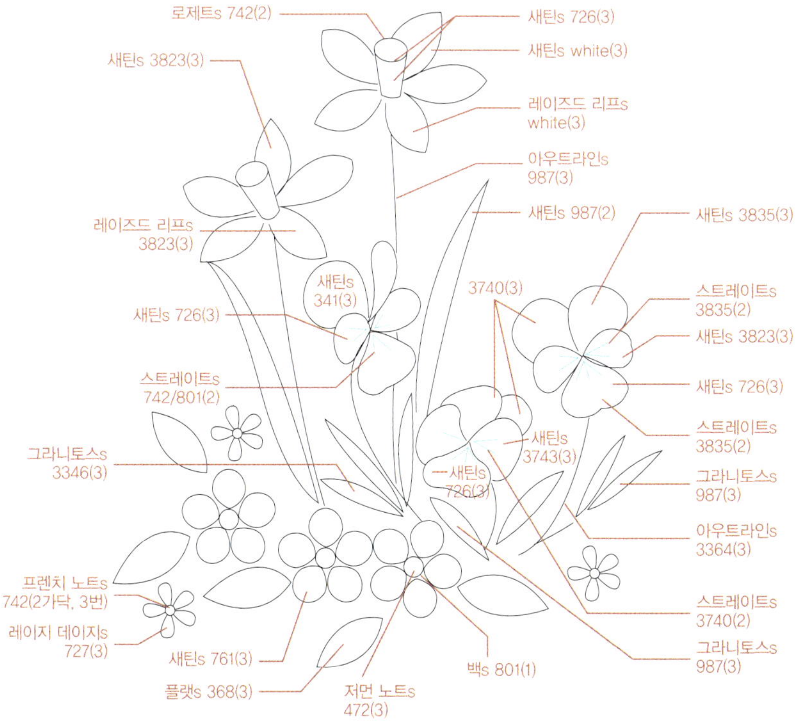

로제트s 742(2)

새틴s 726(3)

새틴s white(3)

새틴s 3823(3)

레이즈드 리프s
white(3)

아우트라인s
987(3)

새틴s 987(2)

새틴s 3835(3)

레이즈드 리프s
3823(3)

새틴s
341(3)

3740(3)

스트레이트s
3835(2)

새틴s 726(3)

새틴s 3823(3)

스트레이트s
742/801(2)

새틴s 726(3)

새틴s
3743(3)

스트레이트s
3835(2)

그라니토스s
3346(3)

새틴s
726(3)

그라니토스s
987(3)

프렌치 노트s
742(2가닥, 3번)

아우트라인s
3364(3)

레이지 데이지s
727(3)

스트레이트s
3740(2)

새틴s 761(3)

백s 801(1)

그라니토스s
987(3)

플랫 368(3)

저먼 노트s
472(3)

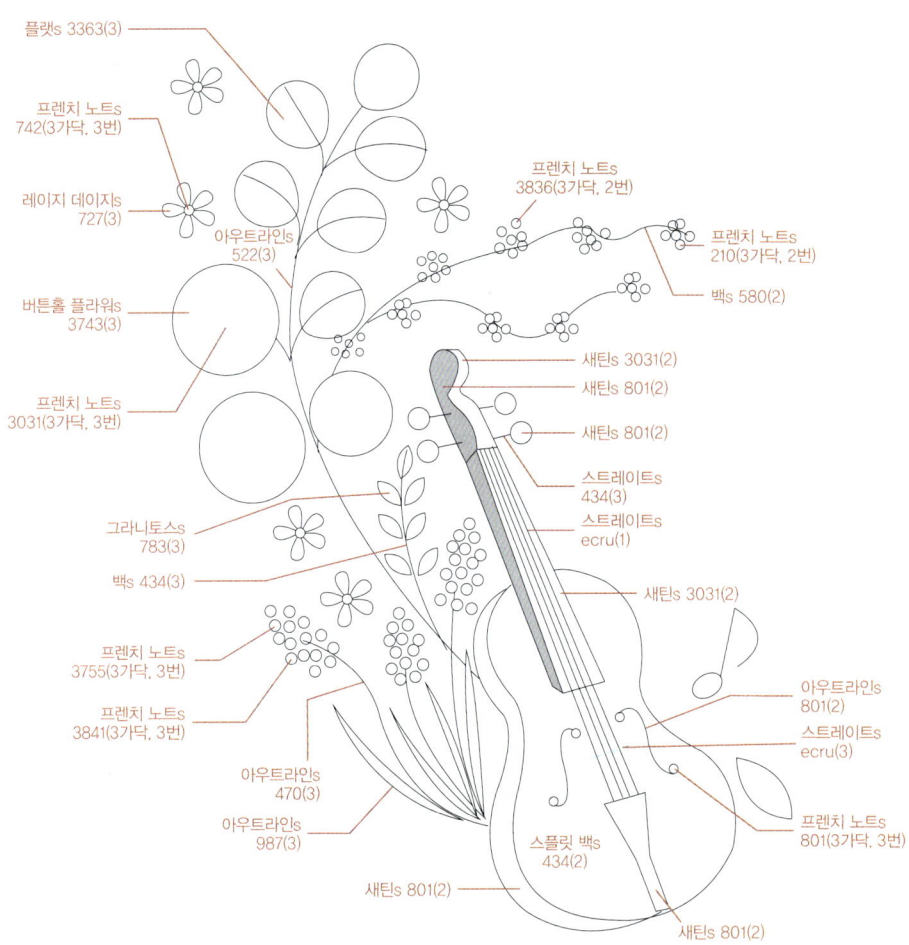

플랫s 3363(3)

프렌치 노트s
742(3가닥, 3번)

레이지 데이지s
727(3)

아우트라인s
522(3)

버튼홀 플라워s
3743(3)

프렌치 노트s
3031(3가닥, 3번)

프렌치 노트s
3836(3가닥, 2번)

프렌치 노트s
210(3가닥, 2번)

백s 580(2)

새틴s 3031(2)

새틴s 801(2)

새틴s 801(2)

스트레이트s
434(3)

스트레이트s
ecru(1)

그라니토스s
783(3)

백s 434(3)

새틴s 3031(2)

아우트라인s
801(2)

스트레이트s
ecru(3)

프렌치 노트s
3755(3가닥, 3번)

프렌치 노트s
3841(3가닥, 3번)

아우트라인s
470(3)

아우트라인s
987(3)

스플릿 백s
434(2)

프렌치 노트s
801(3가닥, 3번)

새틴s 801(2)

새틴s 801(2)

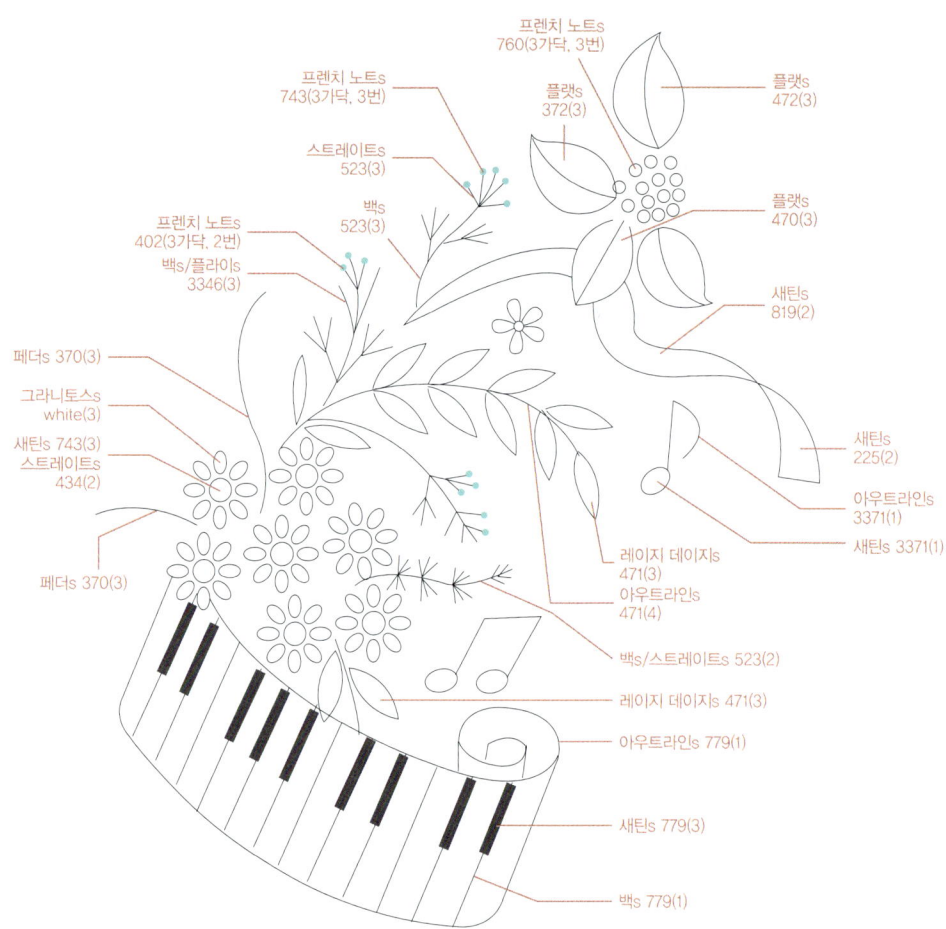

프렌치 노트s
760(3가닥, 3번)

플랫s
372(3)

플랫s
472(3)

프렌치 노트s
743(3가닥, 3번)

스트레이트s
523(3)

백s
523(3)

플랫s
470(3)

프렌치 노트s
402(3가닥, 2번)

백s/플라이s
3346(3)

새틴s
819(2)

페더s 370(3)

그라니토스s
white(3)

새틴s 743(3)
스트레이트s
434(2)

새틴s
225(2)

아우트라인s
3371(1)

새틴s 3371(1)

페더s 370(3)

레이지 데이지s
471(3)
아우트라인s
471(4)

백s/스트레이트s 523(2)

레이지 데이지s 471(3)

아우트라인s 779(1)

새틴s 779(3)

백s 779(1)

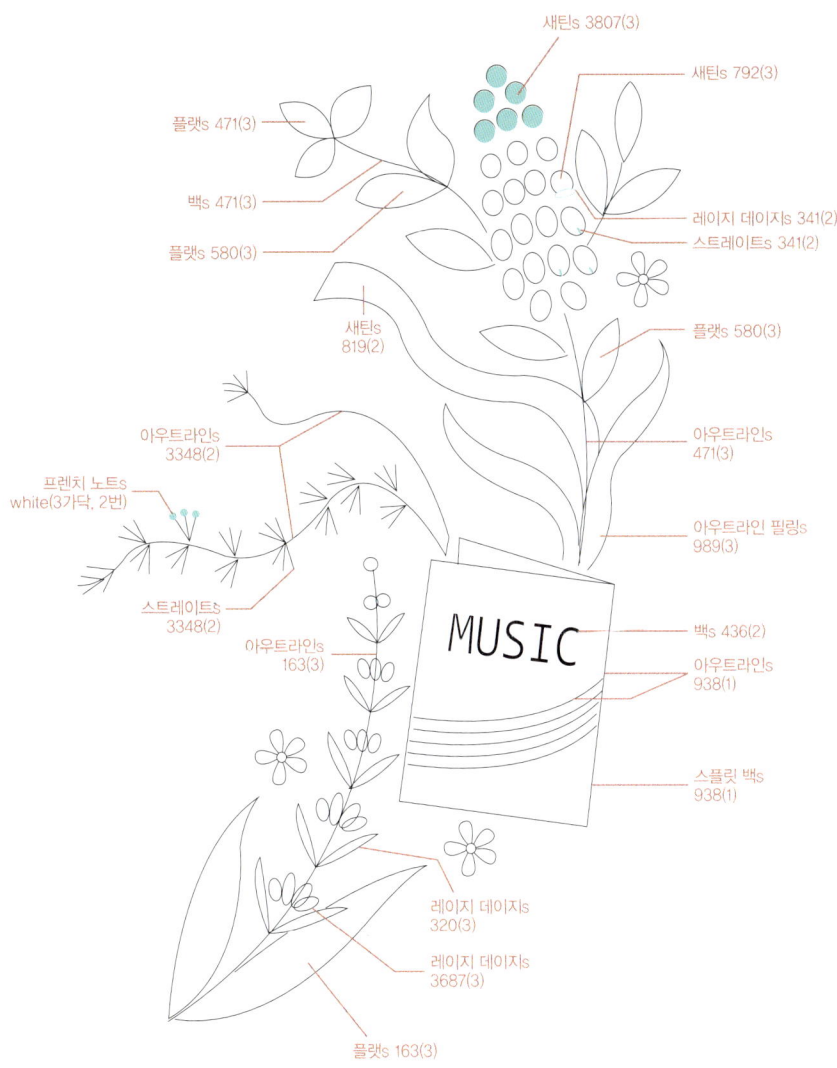

새틴s 3807(3)

새틴s 792(3)

플랫s 471(3)

백s 471(3)

플랫s 580(3)

레이지 데이지s 341(2)
스트레이트s 341(2)

새틴s
819(2)

플랫s 580(3)

아웃라인s
3348(2)

아웃라인s
471(3)

프렌치 노트s
white(3가닥, 2번)

아웃라인 필링s
989(3)

스트레이트s
3348(2)

백s 436(2)

아웃라인s
938(1)

아웃라인s
163(3)

스플릿 백s
938(1)

레이지 데이지s
320(3)

레이지 데이지s
3687(3)

플랫s 163(3)

MUSIC

K. Blue's Embroidery 08

숲속을 산책하는 소녀

자수 준비

사용한 실　　DMC 25번사 white, 225, 316, 349, 351, 434, 435, 437, 470, 471, 738, 739, 742, 743, 745, 778, 794, 801, 840, 904, 922, 967, 987, 3064, 3346, 3347, 3348, 3371, 3823, 3828, 3841

사용한 스티치　그라니토스 스티치, 레이지 데이지 스티치, 바스켓 스티치, 백 스티치, 불리온 스티치, 새틴 스티치, 스트레이트 스티치, 스파이더 웹 로즈 스티치, 스플릿 백 스티치, 아우트라인 스티치, 저먼 노트 스티치, 체인 스티치, 카우칭 스티치, 프렌치 노트 스티치, 플라이 스티치, 플랫 스티치, 피스틸 스티치

사용한 패브릭　11수 진그린 린넨

기타 재료　　패브릭 물감, 모쿠바 리본 no.158 3.5mm, 모쿠바 리본 no.491 3.5mm

★도안 별지

스티치

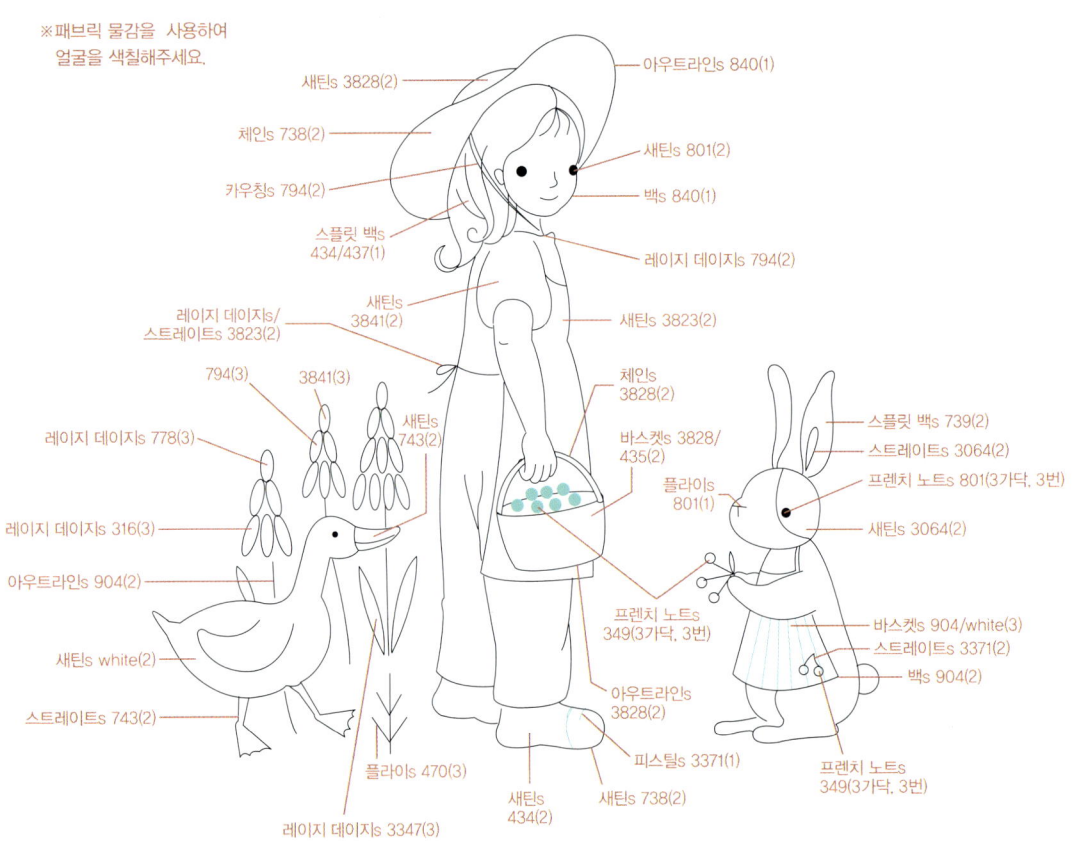

※패브릭 물감을 사용하여
얼굴을 색칠해주세요.

새틴s 3828(2)

체인s 738(2)

카우칭s 794(2)

스플릿 백s
434/437(1)

레이지 데이지s/
스트레이트s 3823(2)

새틴s
3841(2)

794(3)   3841(3)

레이지 데이지s 778(3)

새틴s
743(2)

레이지 데이지s 316(3)

아웃라인s 904(2)

새틴s white(2)

스트레이트s 743(2)

플라이s 470(3)

레이지 데이지s 3347(3)

새틴s
434(2)

새틴s 738(2)

아웃라인s 840(1)

새틴s 801(2)

백s 840(1)

레이지 데이지s 794(2)

새틴s 3823(2)

체인s
3828(2)

바스켓 3828/
435(2)

플라이s
801(1)

프렌치 노트s
349(3가닥, 3번)

아웃라인s
3828(2)

피스틸s 3371(1)

스플릿 백s 739(2)

스트레이트s 3064(2)

프렌치 노트s 801(3가닥, 3번)

새틴s 3064(2)

바스켓s 904/white(3)

스트레이트s 3371(2)

백s 904(2)

프렌치 노트s
349(3가닥, 3번)

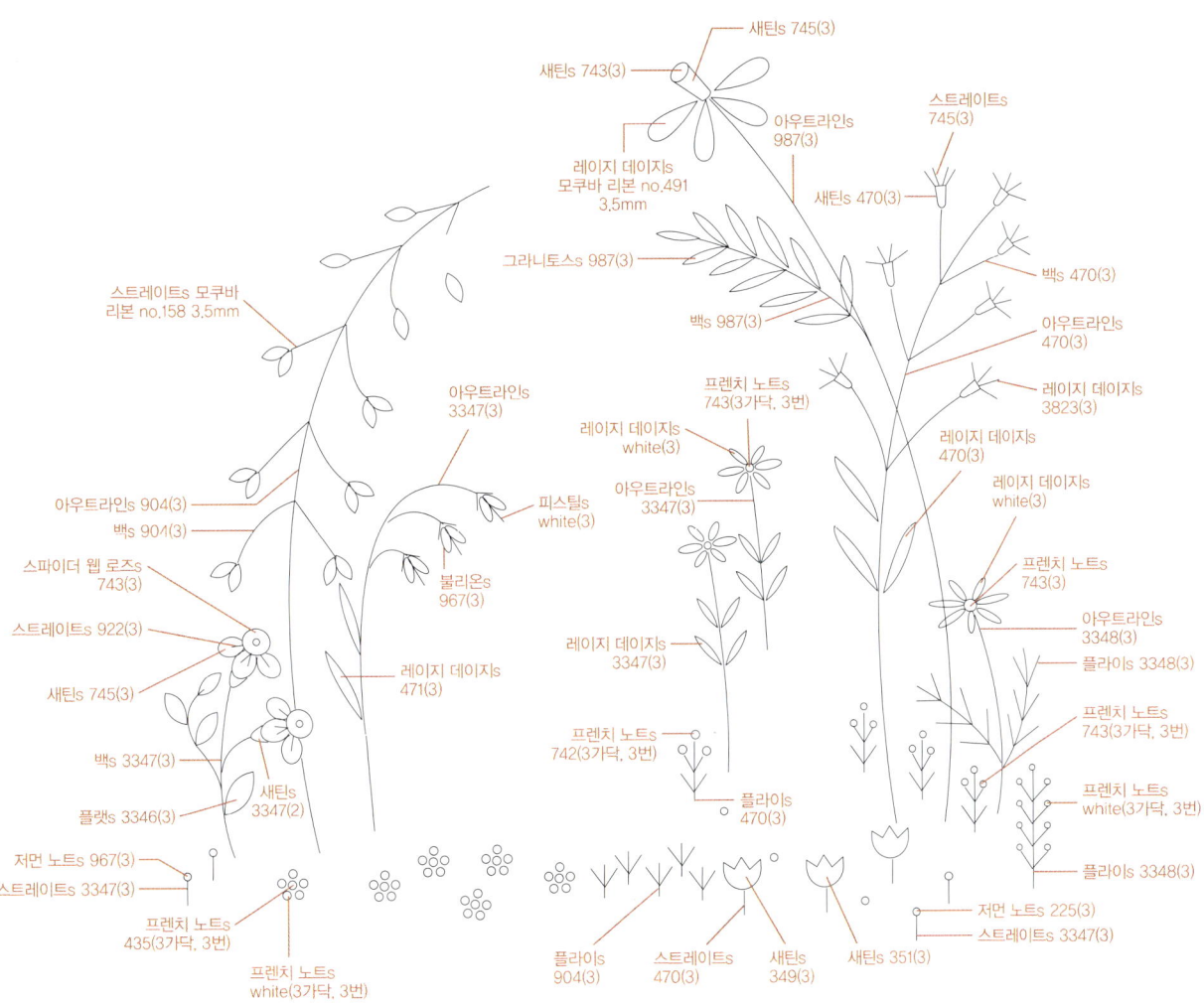

새틴s 745(3)

새틴s 743(3)

레이지 데이지s
모쿠바 리본 no.491
3.5mm

아웃라인s
987(3)

스트레이트s
745(3)

새틴s 470(3)

백s 470(3)

그라니토s 987(3)

백s 987(3)

아웃라인s
470(3)

레이지 데이지s
3823(3)

스트레이트s 모쿠바
리본 no.158 3.5mm

아웃라인s
3347(3)

프렌치 노트s
743(3가닥, 3번)

레이지 데이지s
white(3)

레이지 데이지s
470(3)

레이지 데이지s
white(3)

피스틸s
white(3)

아웃라인s
3347(3)

아웃라인s 904(3)

백s 904(3)

불리온s
967(3)

프렌치 노트s
743(3)

스파이더 웹 로즈s
743(3)

아웃라인s
3348(3)

스트레이트s 922(3)

레이지 데이지s
471(3)

플라이s 3348(3)

새틴s 745(3)

레이지 데이지s
3347(3)

프렌치 노트s
743(3가닥, 3번)

백s 3347(3)

새틴s
3347(2)

프렌치 노트s
742(3가닥, 3번)

프렌치 노트s
white(3가닥, 3번)

플랫s 3346(3)

저먼 노트s 967(3)

플라이s
470(3)

플라이s 3348(3)

스트레이트s 3347(3)

프렌치 노트s
435(3가닥, 3번)

저먼 노트s 225(3)

스트레이트s 3347(3)

프렌치 노트s
white(3가닥, 3번)

플라이s
904(3)

스트레이트s
470(3)

새틴s
349(3)

새틴s 351(3)

소녀의 방

사용한 실   DMC 25번사 white, 167, 316, 355, 370, 433, 434, 435, 469, 522, 523, 524, 543, 610, 645, 646, 648, 676, 738, 745, 754, 758, 778, 840, 841, 844, 936, 938, 3033, 3051, 3064, 3345, 3346, 3348, 3363, 3364, 3371, 3776, 3858, 3859, 3863, 3864, 3865

사용한 스티치   그라니토스 스티치, 러닝 스티치, 레이지 데이지 스티치, 롱 앤드 쇼트 스티치, 바스켓 스티치, 백 스티치, 불리온 스티치, 새틴 스티치, 스트레이트 스티치, 시드 스티치, 아우트라인 스티치, 체인 스티치, 캐스트 온 스티치, 케이블 스티치, 프렌치 노트 스티치, 프리 스티치, 플라이 스티치, 휘프트 체인 스티치

사용한 패브릭   11수 아이보리 린넨

★도안 별지

106

스티치

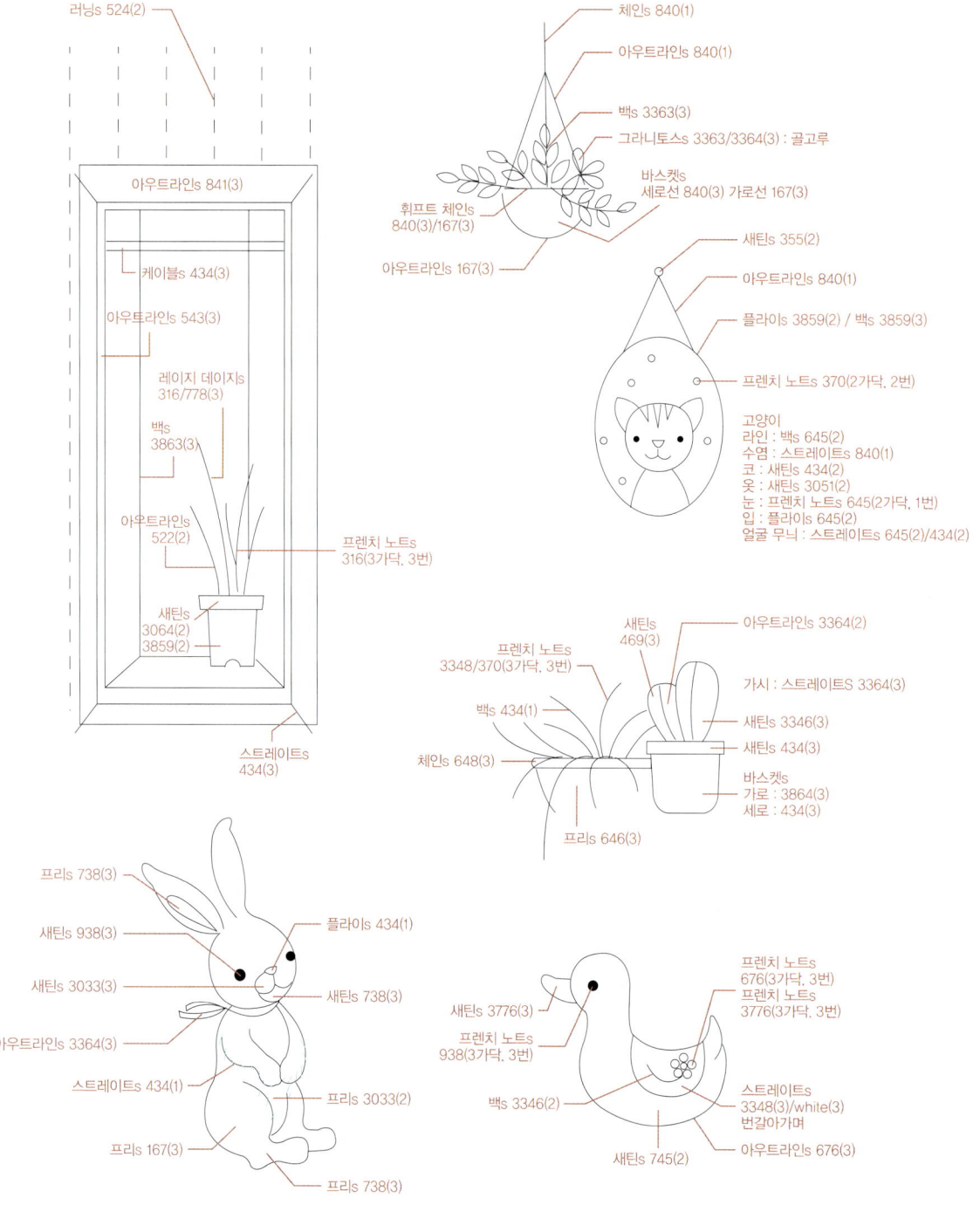

러닝s 524(2)

체인s 840(1)

아우트라인s 840(1)

백s 3363(3)

그라니토s 3363/3364(3) : 골고루

아우트라인s 841(3)

바스켓s
세로선 840(3) 가로선 167(3)

휘프트 체인s
840(3)/167(3)

새틴s 355(2)

케이블 434(3)

아우트라인s 167(3)

아우트라인s 840(1)

아우트라인s 543(3)

플라이s 3859(2) / 백s 3859(3)

레이지 데이지s
316/778(3)

프렌치 노트s 370(2가닥, 2번)

백s
3863(3)

고양이
라인 : 백s 645(2)
수염 : 스트레이트s 840(1)
코 : 새틴s 434(2)
옷 : 새틴s 3051(2)
눈 : 프렌치 노트s 645(2가닥, 1번)
입 : 플라이s 645(2)
얼굴 무늬 : 스트레이트s 645(2)/434(2)

아우트라인s
522(2)

프렌치 노트s
316(3가닥, 3번)

새틴s
3064(2)
3859(2)

새틴s
469(3)

아우트라인s 3364(2)

프렌치 노트s
3348/370(3가닥, 3번)

가시 : 스트레이트s 3364(3)

백s 434(1)

새틴s 3346(3)

새틴s 434(3)

체인s 648(3)

바스켓s
가로 : 3864(3)
세로 : 434(3)

스트레이트s
434(3)

프리s 646(3)

프리s 738(3)

플라이s 434(1)

프렌치 노트s
676(3가닥, 3번)
프렌치 노트s
3776(3가닥, 3번)

새틴s 938(3)

새틴s 3776(3)

새틴s 3033(3)

새틴s 738(3)

프렌치 노트s
938(3가닥, 3번)

아우트라인s 3364(3)

스트레이트s
3348(3)/white(3)
번갈아가며

스트레이트s 434(1)

프리s 3033(2)

백s 3346(2)

프리s 167(3)

아우트라인s 676(3)

새틴s 745(2)

프리s 738(3)

108

스티치

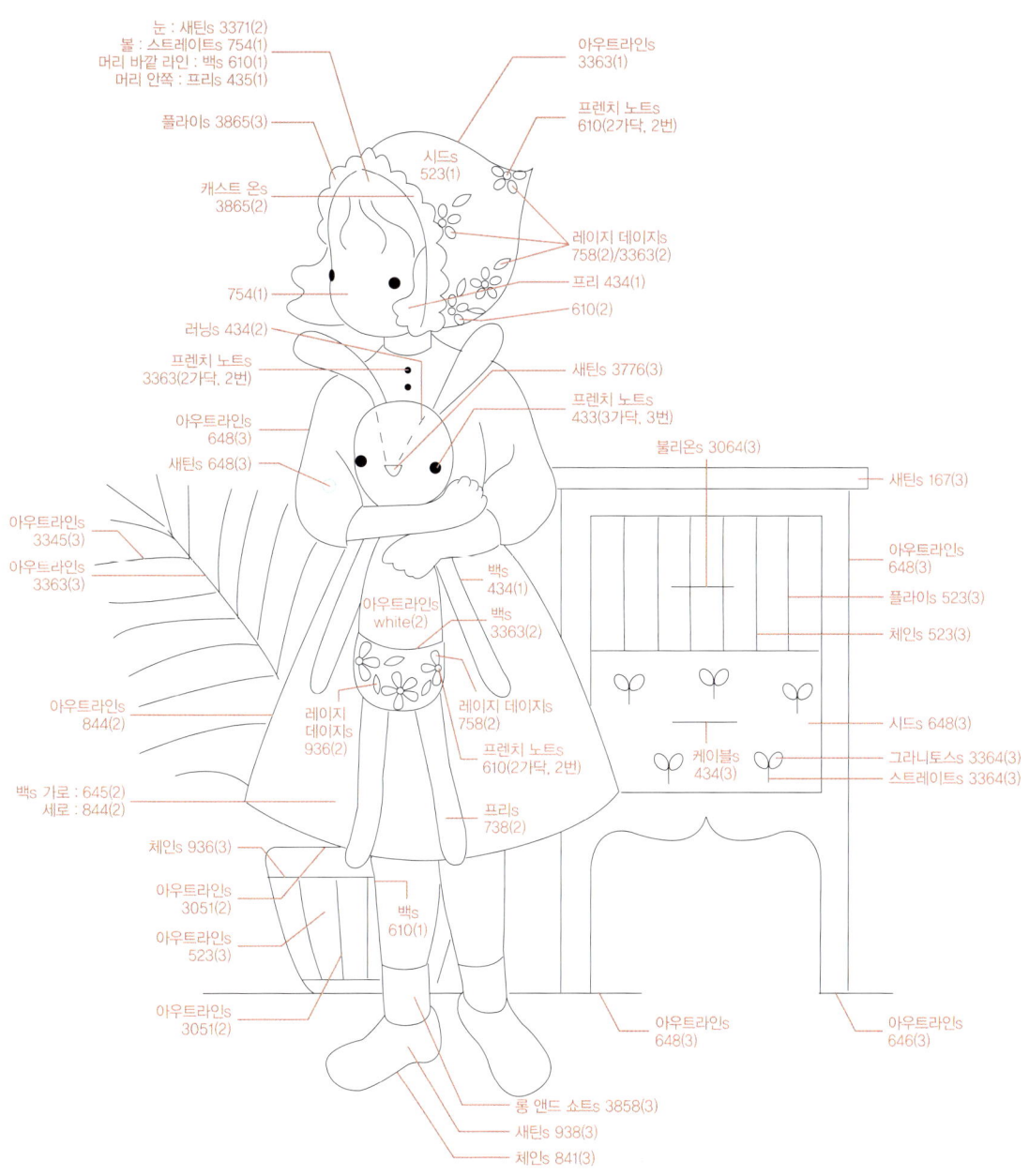

눈 : 새틴s 3371(2)
볼 : 스트레이트s 754(1)
머리 바깥 라인 : 백s 610(1)
머리 안쪽 : 프리s 435(1)

아웃라인s
3363(1)

플라이s 3865(3)

프렌치 노트s
610(2가닥, 2번)

캐스트 온s
3865(2)

시드s
523(1)

레이지 데이지s
758(2)/3363(2)

754(1)

프리 434(1)

러닝s 434(2)

610(2)

프렌치 노트s
3363(2가닥, 2번)

새틴s 3776(3)

아웃라인s
648(3)

프렌치 노트s
433(3가닥, 3번)

새틴s 648(3)

불리온s 3064(3)

새틴s 167(3)

아웃라인s
3345(3)

아웃라인s
3363(3)

아웃라인s
648(3)

플라이s 523(3)

백s
434(1)

체인s 523(3)

아웃라인s
white(2)

백s
3363(2)

아웃라인s
844(2)

레이지
데이지s
936(2)

레이지 데이지s
758(2)

시드s 648(3)

케이블s
434(3)

그라니토s 3364(3)

프렌치 노트s
610(2가닥, 2번)

스트레이트s 3364(3)

백s 가로 : 645(2)
세로 : 844(2)

프리s
738(2)

체인s 936(3)

아웃라인s
3051(2)

백s
610(1)

아웃라인s
523(3)

아웃라인s
3051(2)

아웃라인s
648(3)

아웃라인s
646(3)

롱 앤드 쇼트s 3858(3)

새틴s 938(3)

체인s 841(3)

K. Blue's Embroidery 10
고양이를 안은 소녀

자수준비

사용한 실   DMC 25번사 ecru, white, 161, 301, 320, 370, 433, 437, 471, 472, 519, 523, 524, 676, 729, 743, 745, 754, 758, 761, 793, 794, 799, 801, 819, 920, 932, 977, 3031, 3042, 3046, 3047, 3346, 3347, 3348, 3363, 3364, 3743, 3755, 3761, 3778, 3811, 3820, 3822, 3823, 3855, 3859, 3862

사용한 스티치   그라니토스 스티치, 레이즈드 컵 스티치, 레이지 데이지 스티치, 롱 앤드 쇼트 스티치, 리프 스티치, 링 버튼홀 스티치, 링 스티치, 백 스티치, 버튼홀 스티치, 새틴 스티치, 스미르나 스티치, 스트레이트 스티치, 스플릿 백 스티치, 아우트라인 스티치, 저먼 노트 스티치, 캐스트 온 스티치, 프렌치 노트 스티치, 프리 스티치, 플라이 스티치, 플랫 스티치

사용한 패브릭   11수 아이보리 린넨

기타 재료   패브릭 물감, 모쿠바 리본 no.214 3.5mm

★도안 별지

KIRSTEN LEARNS A LESSON

crops and the animals. Mama spoke of the wool she
was spinning. She almost had enough to begin
weaving. Lars and Peter joked about the pranks the
boys played at recess. How could they speak of
these things if they struggled with English?

And Kirsten didn't want to have
school lessons at suppertime, too.
Would Miss Winston smack her ruler
on Uncle Olav's table as she did on the
stove at school?

"When is she coming?" Kirsten asked.

"Next Sunday," Lisbeth said.

Quickly, Kirsten counted the days. This was
Tuesday, so there were only five more nights of

스티치

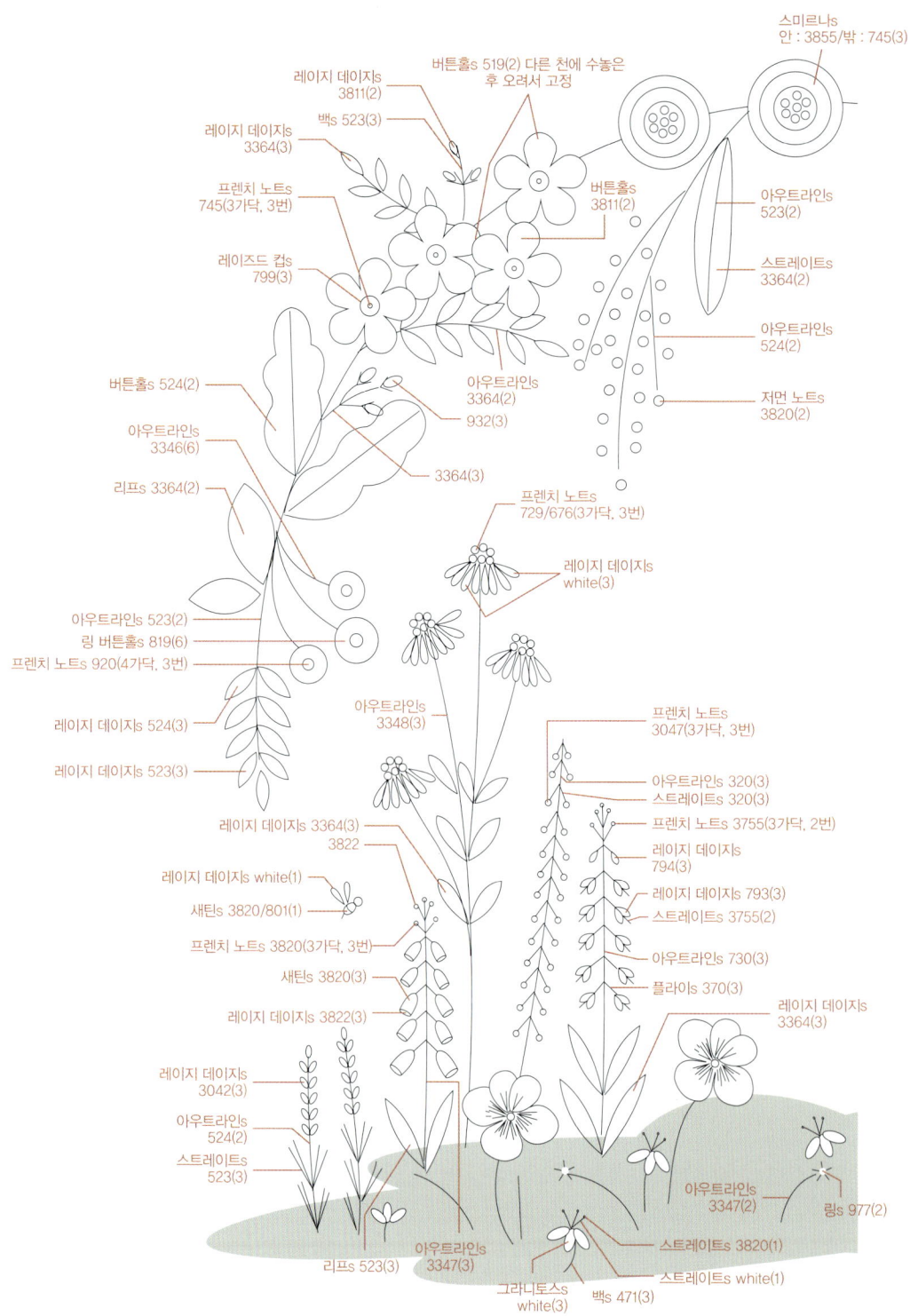

스미르나s
안 : 3855/밖 : 745(3)

레이지 데이지s
3811(2)

버튼홀s 519(2) 다른 천에 수놓은
후 오려서 고정

레이지 데이지s
3364(3)

백s 523(3)

버튼홀s
3811(2)

프렌치 노트s
745(3가닥, 3번)

아웃라인s
523(2)

레이즈드 컵s
799(3)

스트레이트s
3364(2)

아웃라인s
524(2)

버튼홀s 524(2)

아웃라인s
3364(2)
932(3)

저먼 노트s
3820(2)

아웃라인s
3346(6)

3364(3)

리프s 3364(2)

프렌치 노트s
729/676(3가닥, 3번)

레이지 데이지s
white(3)

아웃라인s 523(2)

링 버튼홀s 819(6)

프렌치 노트s 920(4가닥, 3번)

레이지 데이지s 524(3)

레이지 데이지s 523(3)

아웃라인s
3348(3)

프렌치 노트s
3047(3가닥, 3번)

아웃라인s 320(3)
스트레이트s 320(3)

프렌치 노트s 3755(3가닥, 2번)

레이지 데이지s
794(3)

레이지 데이지s 793(3)

스트레이트s 3755(2)

아웃라인s 730(3)

플라이s 370(3)

레이지 데이지s 3364(3)
3822

레이지 데이지s
3364(3)

레이지 데이지s white(1)

새틴s 3820/801(1)

프렌치 노트s 3820(3가닥, 3번)

새틴s 3820(3)

레이지 데이지s 3822(3)

레이지 데이지s
3042(3)

아웃라인s
524(2)

스트레이트s
523(3)

리프s 523(3)

아웃라인s
3347(3)

그라니토s
white(3)

백s 471(3)

스트레이트s 3820(1)

스트레이트s white(1)

아웃라인s
3347(2)

링s 977(2)

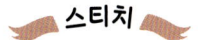

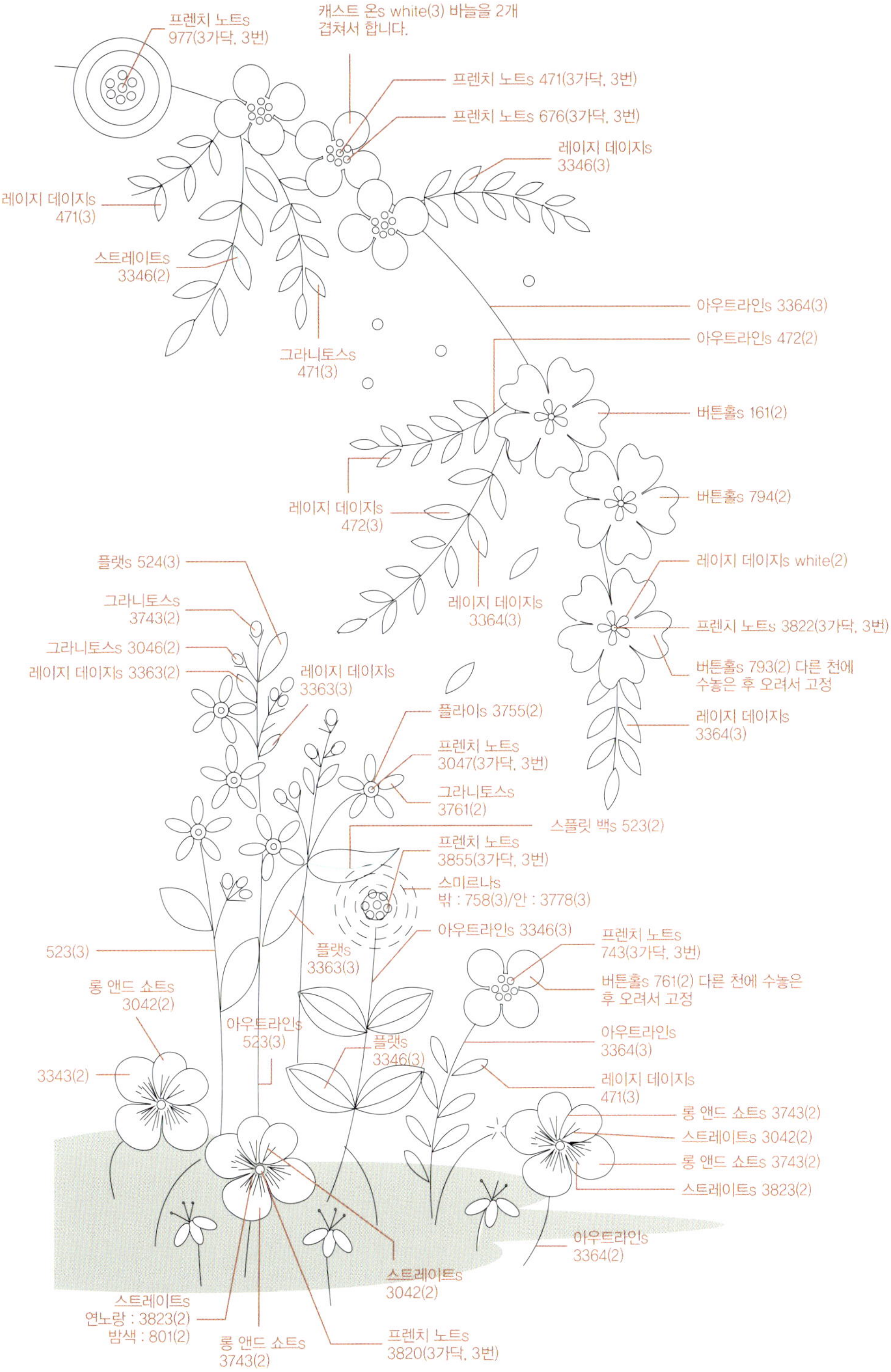

프렌치 노트s
977(3가닥, 3번)

캐스트 온s white(3) 바늘을 2개
겹쳐서 합니다.

프렌치 노트s 471(3가닥, 3번)

프렌치 노트s 676(3가닥, 3번)

레이지 데이지s
3346(3)

레이지 데이지s
471(3)

스트레이트s
3346(2)

그라니토스s
471(3)

아웃라인s 3364(3)

아웃라인s 472(2)

버튼홀s 161(2)

버튼홀s 794(2)

레이지 데이지s
472(3)

레이지 데이지s white(2)

레이지 데이지s
3364(3)

프렌치 노트s 3822(3가닥, 3번)

버튼홀s 793(2) 다른 천에
수놓은 후 오려서 고정

레이지 데이지s
3364(3)

플랫s 524(3)

그라니토스s
3743(2)

그라니토스s 3046(2)

레이지 데이지s 3363(2)

레이지 데이지s
3363(3)

플라이s 3755(2)

프렌치 노트s
3047(3가닥, 3번)

그라니토스s
3761(2)

스플릿 백s 523(2)

프렌치 노트s
3855(3가닥, 3번)

스미르나s
밖 : 758(3)/안 : 3778(3)

아웃라인s 3346(3)

프렌치 노트s
743(3가닥, 3번)

버튼홀s 761(2) 다른 천에 수놓은
후 오려서 고정

아웃라인s
3364(3)

레이지 데이지s
471(3)

롱 앤드 쇼트s 3743(2)

스트레이트s 3042(2)

롱 앤드 쇼트s 3743(2)

스트레이트s 3823(2)

아웃라인s
3364(2)

523(3)

플랫s
3363(3)

플랫s
3346(3)

롱 앤드 쇼트s
3042(2)

3343(2)

아웃라인s
523(3)

스트레이트s
3042(2)

스트레이트s
연노랑 : 3823(2)
밤색 : 801(2)

롱 앤드 쇼트s
3743(2)

프렌치 노트s
3820(3가닥, 3번)

스티치

※패브릭 물감을 사용하여 얼굴과 몸은
  살구색으로 색칠하고 치마는 연하늘색으로
  색칠한 후 수를 놓으면 더 예뻐요.

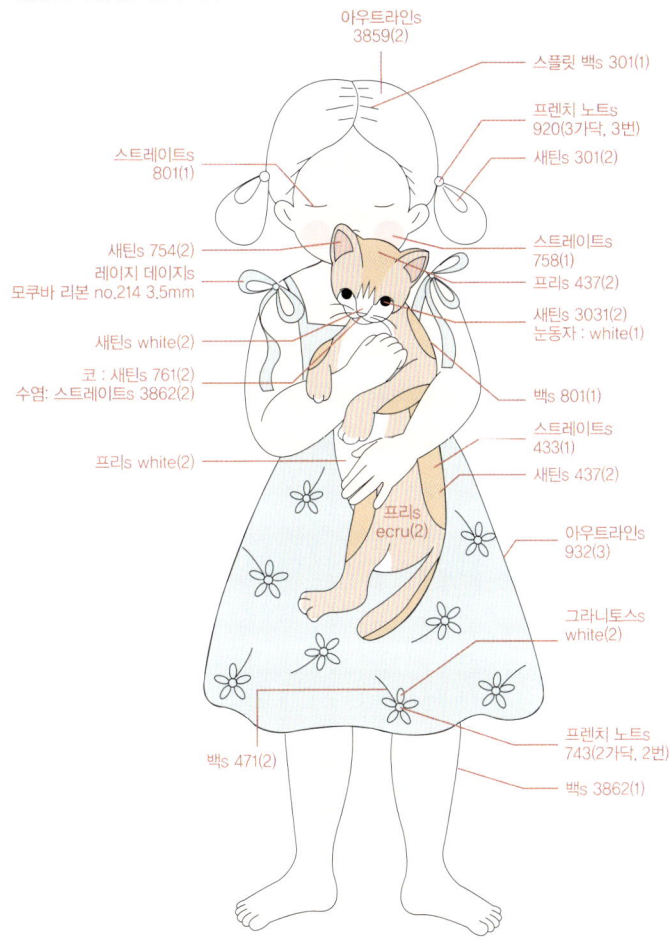

아웃라인s
3859(2)

스플릿 백s 301(1)

프렌치 노트s
920(3가닥, 3번)

새틴s 301(2)

스트레이트s
801(1)

새틴s 754(2)
레이지 데이지s
모쿠바 리본 no.214 3.5mm

스트레이트s
758(1)

프리s 437(2)

새틴s 3031(2)
눈동자 : white(1)

새틴s white(2)

코 : 새틴s 761(2)
수염: 스트레이트s 3862(2)

백s 801(1)

프리s white(2)

스트레이트s
433(1)

새틴s 437(2)

프리s
ecru(2)

아웃라인s
932(3)

그라니토스s
white(2)

프렌치 노트s
743(2가닥, 2번)

백s 471(2)

백s 3862(1)

스위트홈

⚜ 자수 준비 ⚜

사용한 실　　DMC 25번사 white, 209, 224, 225, 320, 322, 351, 356, 372, 402, 422, 433, 435, 469, 470, 471, 519, 520, 522, 523, 524, 646, 712, 743, 744, 760, 761, 819, 839, 922, 927, 3013, 3022, 3042, 3046, 3346, 3348, 3364, 3820, 3823, 3827, 3862, 3865

사용한 스티치　　그라니토스 스티치, 러닝 스티치, 레이지 데이지 스티치, 로제트 스티치, 리프 스티치, 바스켓 스티치, 백 스티치, 버튼 스티치, 불리온 레이지 데이지 스티치, 불리온 로즈 스티치, 불리온 스티치, 서클 버튼홀 스티치, 스파이더 웹 로즈 스티치, 스크롤 스티치, 스트레이트 스티치, 아웃트라인 스티치, 체인 스티치, 케이블 스티치, 케이블 체인 스티치, 프렌치 노트 스티치, 플라이 스티치, 플랫 스티치, 피스틸 스티치, 휘프트 체인 스티치

사용한 패브릭　　11수 아이보리 린넨

★도안 별지

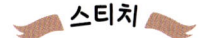 스티치

불리온 로즈s
꽃 안쪽부터 744(4), 3823(4), 3865(4)

불리온 로즈s
760(4), 761(4), 225(4)

스파이더 웹 로즈s
819(6)

스파이더 웹 로즈s 819(6)

플랫s 3013(3)

백s 3013(3)

불리온 레이지 데이지s 761(4)

※불리온 로즈 스티치를
수놓을 때 불리온 바늘을
사용했습니다.

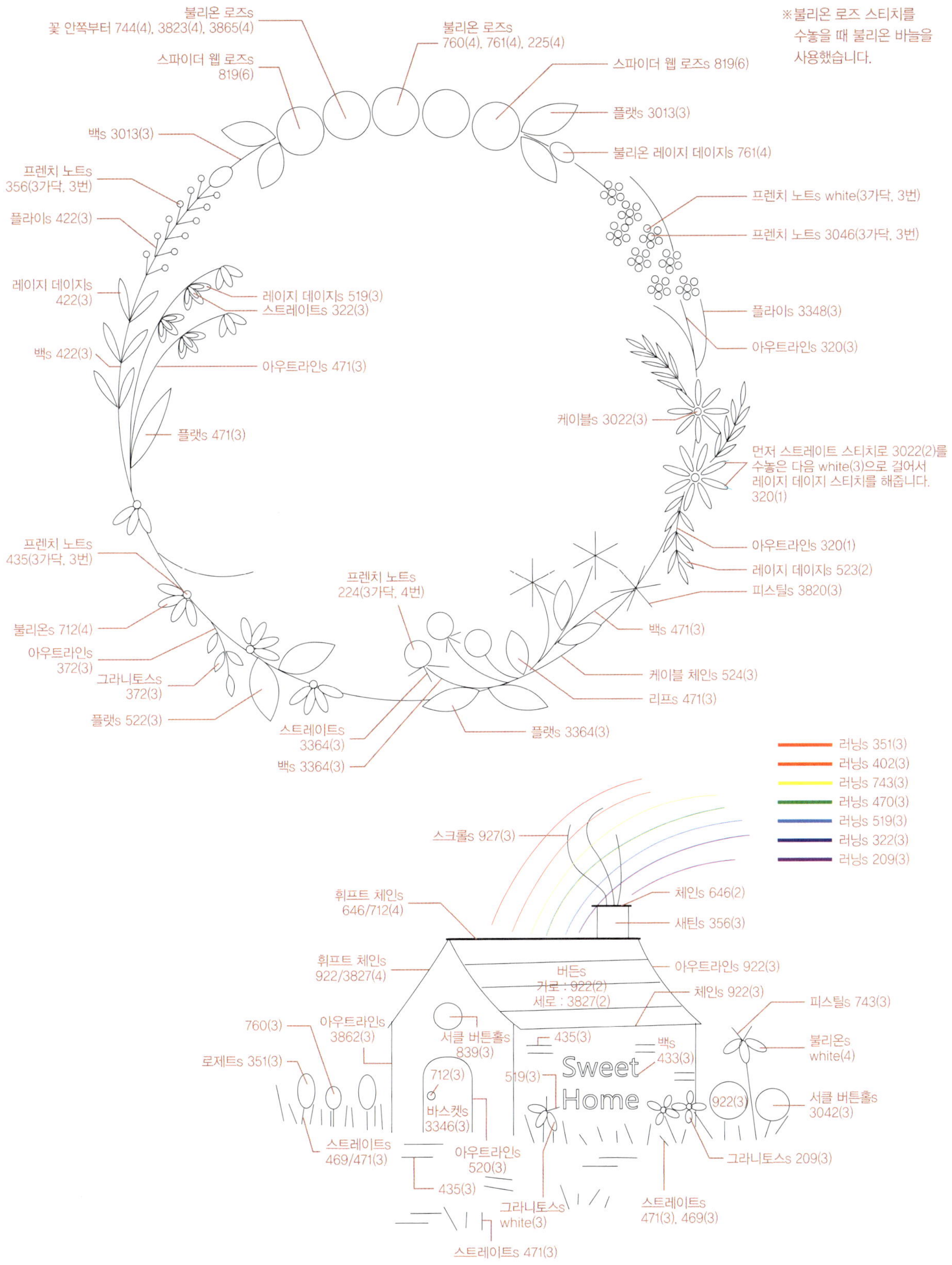

프렌치 노트s
356(3가닥, 3번)

프렌치 노트s white(3가닥, 3번)

프렌치 노트s 3046(3가닥, 3번)

플라이s 422(3)

레이지 데이지s 519(3)
스트레이트s 322(3)

레이지 데이지s
422(3)

플라이s 3348(3)

백s 422(3)

아우트라인s 471(3)

아우트라인s 320(3)

플랫s 471(3)

케이블 3022(3)

먼저 스트레이트 스티치로 3022(2)를
수놓은 다음 white(3)으로 걸어서
레이지 데이지 스티치를 해줍니다.
320(1)

아우트라인s 320(1)

프렌치 노트s
435(3가닥, 3번)

레이지 데이지s 523(2)

프렌치 노트s
224(3가닥, 4번)

피스틸s 3820(3)

불리온s 712(4)

백s 471(3)

아우트라인s
372(3)

케이블 체인s 524(3)

그라니토스s
372(3)

리프s 471(3)

플랫s 522(3)

스트레이트s
3364(3)

플랫s 3364(3)

백s 3364(3)

러닝s 351(3)
러닝s 402(3)
러닝s 743(3)
러닝s 470(3)
러닝s 519(3)
러닝s 322(3)
러닝s 209(3)

스크롤s 927(3)

체인s 646(2)

휘프트 체인s
646/712(4)

새틴s 356(3)

버든s
가로 : 922(2)
세로 : 3827(2)

아우트라인s 922(3)

휘프트 체인s
922/3827(4)

체인s 922(3)

피스틸s 743(3)

760(3)

아우트라인s
3862(3)

서클 버튼홀s
839(3)

435(3)

불리온s
white(4)

로제트s 351(3)

712(3)

519(3)

백s
433(3)

Sweet
Home

922(3)

서클 버튼홀s
3042(3)

바스켓s
3346(3)

스트레이트s
469/471(3)

아우트라인s
520(3)

그라니토스s 209(3)

435(3)

그라니토스s
white(3)

스트레이트s
471(3), 469(3)

스트레이트s 471(3)

K. Blue's Embroidery 12
뛰노는 아기 양

자수준비

사용한 실 DMC 25번사 white, 167, 225, 350, 434, 471, 472, 597, 743, 758, 989, 3031, 3053, 3371, 3778, 3821, 3863, 3866

사용한 스티치 그라니토스 스티치, 더블 캐스트 온 스티치, 레이지 데이지 스티치, 바스켓 스티치, 백 스티치, 새틴 스티치, 스미르나 스티치, 스트레이트 스티치, 스플릿 백 스티치, 아우트라인 스티치, 카우칭 스티치, 프렌치 노트 스티치, 프리 스티치, 플라이 스티치

사용한 패브릭 11수 아이보리 린넨

★도안 별지

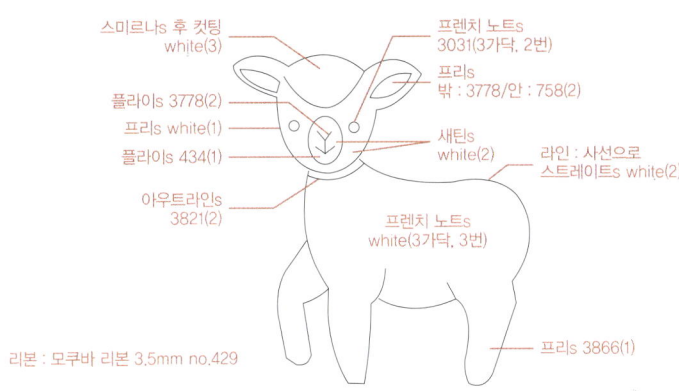

스미르나s 후 컷팅
white(3)

프렌치 노트s
3031(3가닥, 2번)

프리s
밖 : 3778/안 : 758(2)

플라이s 3778(2)

프리s white(1)

플라이s 434(1)

새틴s
white(2)

라인 : 사선으로
스트레이트s white(2)

아웃라인s
3821(2)

프렌치 노트s
white(3가닥, 3번)

리본 : 모쿠바 리본 3.5mm no.429

프리s 3866(1)

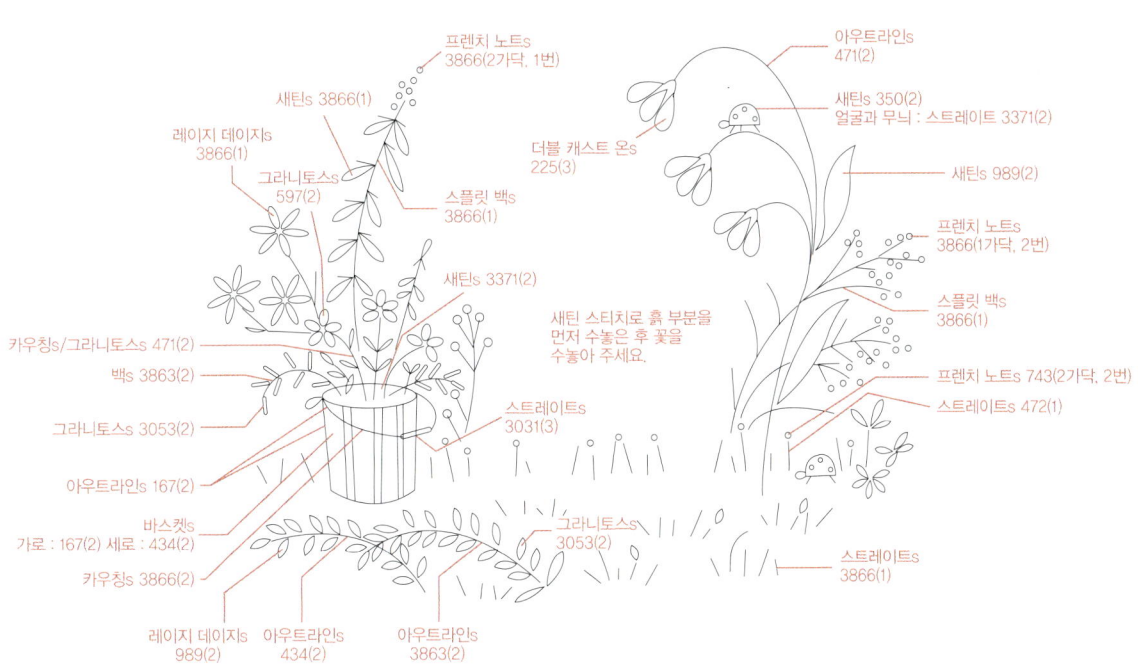

프렌치 노트s
3866(2가닥, 1번)

아웃라인s
471(2)

새틴s 3866(1)

새틴s 350(2)
얼굴과 무늬 : 스트레이트 3371(2)

레이지 데이지s
3866(1)

더블 캐스트 온s
225(3)

새틴s 989(2)

그라니토스s
597(2)

스플릿 백s
3866(1)

프렌치 노트s
3866(1가닥, 2번)

새틴s 3371(2)

스플릿 백s
3866(1)

카우칭/그라니토스s 471(2)

새틴 스티치로 흙 부분을
먼저 수놓은 후 꽃을
수놓아 주세요.

백s 3863(2)

프렌치 노트s 743(2가닥, 2번)

그라니토스s 3053(2)

스트레이트s 472(1)

아웃라인s 167(2)

스트레이트s
3031(3)

바스켓s
가로 : 167(2) 세로 : 434(2)

그라니토스s
3053(2)

스트레이트s
3866(1)

카우칭 3866(2)

레이지 데이지s
989(2)

아웃라인s
434(2)

아웃라인s
3863(2)

사용한 실 DMC 25번사 white, 167, 225, 301, 350, 434, 435, 436, 469, 535, 543, 598, 646, 647, 648, 676, 712, 725, 743, 776, 827, 841, 844, 898, 904, 921, 922, 931, 932, 937, 977, 3031, 3064, 3348, 3752, 3776, 3829, 3853

라이트 이펙트사 E3821

울사 w842

메탈릭사 24

사용한 스티치 러닝 스티치, 레이지 데이지 스티치, 롱 앤드 쇼트 스티치, 백 스티치, 버튼홀 스티치, 불리온 로즈 스티치, 새틴 스티치, 스미르나 스티치, 스트레이트 스티치, 아우트라인 스티치, 아우트라인 필링 스티치, 체인 스티치, 프렌치 노트 스티치, 프리 스티치, 플라이 스티치, 하프 서클 버튼홀 스티치, 휘프트 체인 스티치

사용한 패브릭 11수 아이보리 린넨

★도안 별지

Embroidery
material

L.R.

3348

Water Pen

0 1 2 3 4 5 6 7

BY-KBLUE 05◆18

827번실 한 타래의
라벨을 빼고 그대로 얹어
고정해주세요.

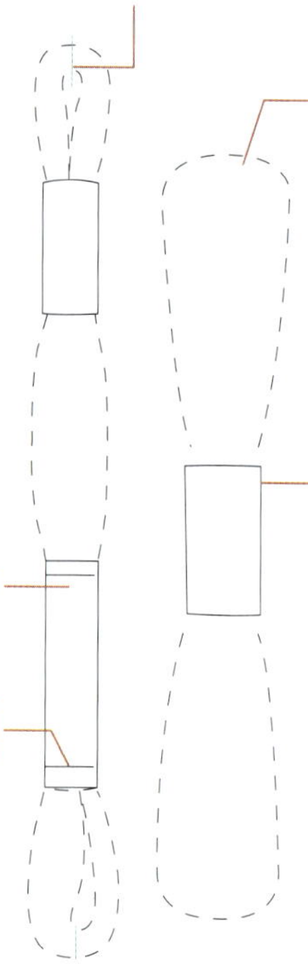

w842(2)

새틴s white(2)

새틴s 844(2)

스트레이트s
라이트 이펙트사
E3821(1)

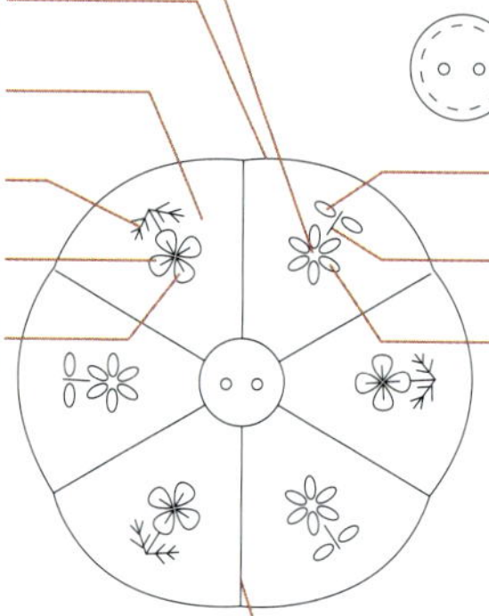

프렌치 노트s
922(2가닥, 3번)

휘프트 체인s
977/white(3)

새틴s 827(3)
꽃술 725(2가닥, 2번)

플라이s 469(3)

새틴s 827(2)

스트레이트s
743(2)

단추를
붙여줍니다.

레이지 데이지s
469(3)

스트레이트s
469(2)

레이지 데이지s
743(3)

아우트라인s
3064(3)

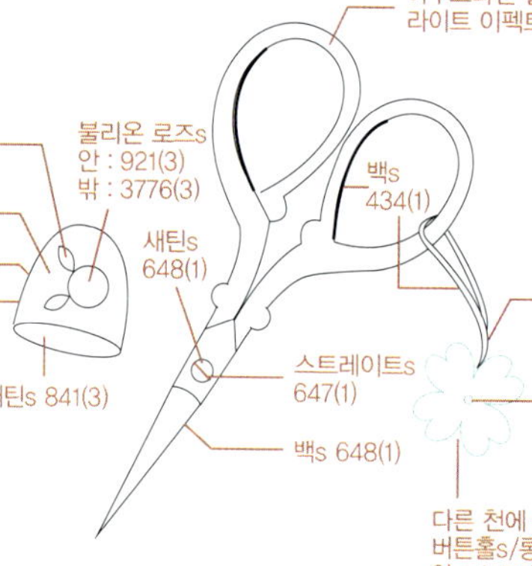

아우트라인 필링s
라이트 이펙트사 E3821(1)

레이지 데이지s
469(3)

불리온 로즈s
안 : 921(3)
밖 : 3776(3)

백s
434(1)

프리s 543(3)

새틴s
648(1)

백s 543(3)

백s 3031(1)

체인s white(2)

스트레이트s
647(1)

프렌치 노트s
white(3가닥, 3번)

새틴s 841(3)

백s 648(1)

다른 천에 수놓아서 오려 붙인다.
버튼홀s/롱 앤드 쇼트s 225(2)
안 : 스트레이트s 776(2)

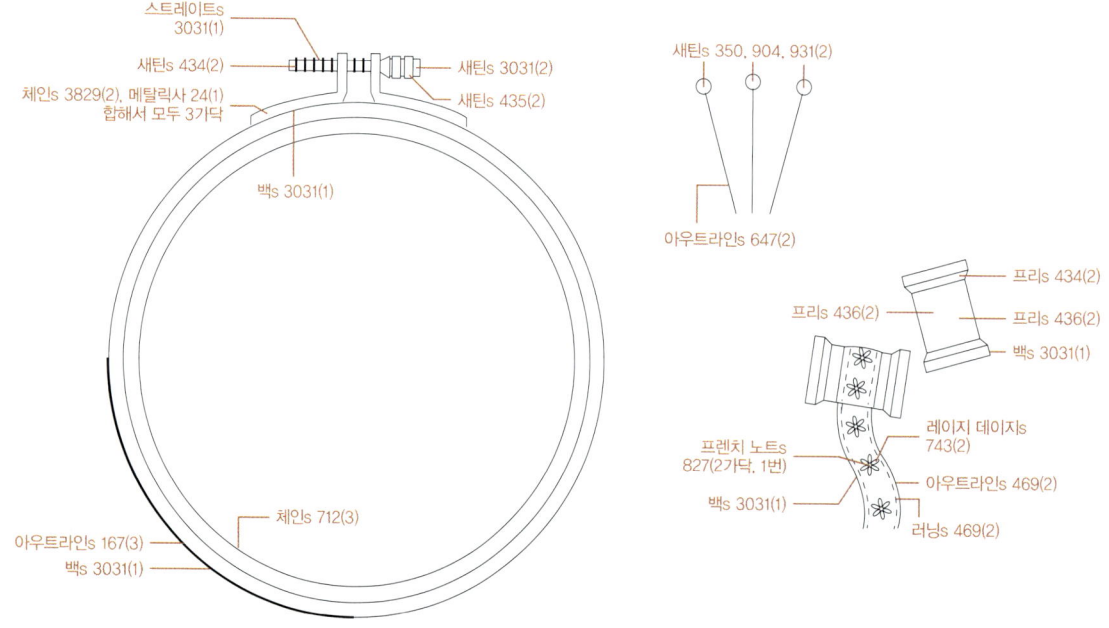

스트레이트s
3031(1)

새틴s 434(2)

새틴s 3031(2)

체인s 3829(2), 메탈릭사 24(1)
합해서 모두 3가닥

새틴s 435(2)

백s 3031(1)

새틴s 350, 904, 931(2)

아우트라인s 647(2)

프리s 434(2)

프리s 436(2)

프리s 436(2)

백s 3031(1)

레이지 데이지s
743(2)

프렌치 노트s
827(2가닥, 1번)

아우트라인s 469(2)

백s 3031(1)

러닝s 469(2)

체인s 712(3)

아우트라인s 167(3)

백s 3031(1)

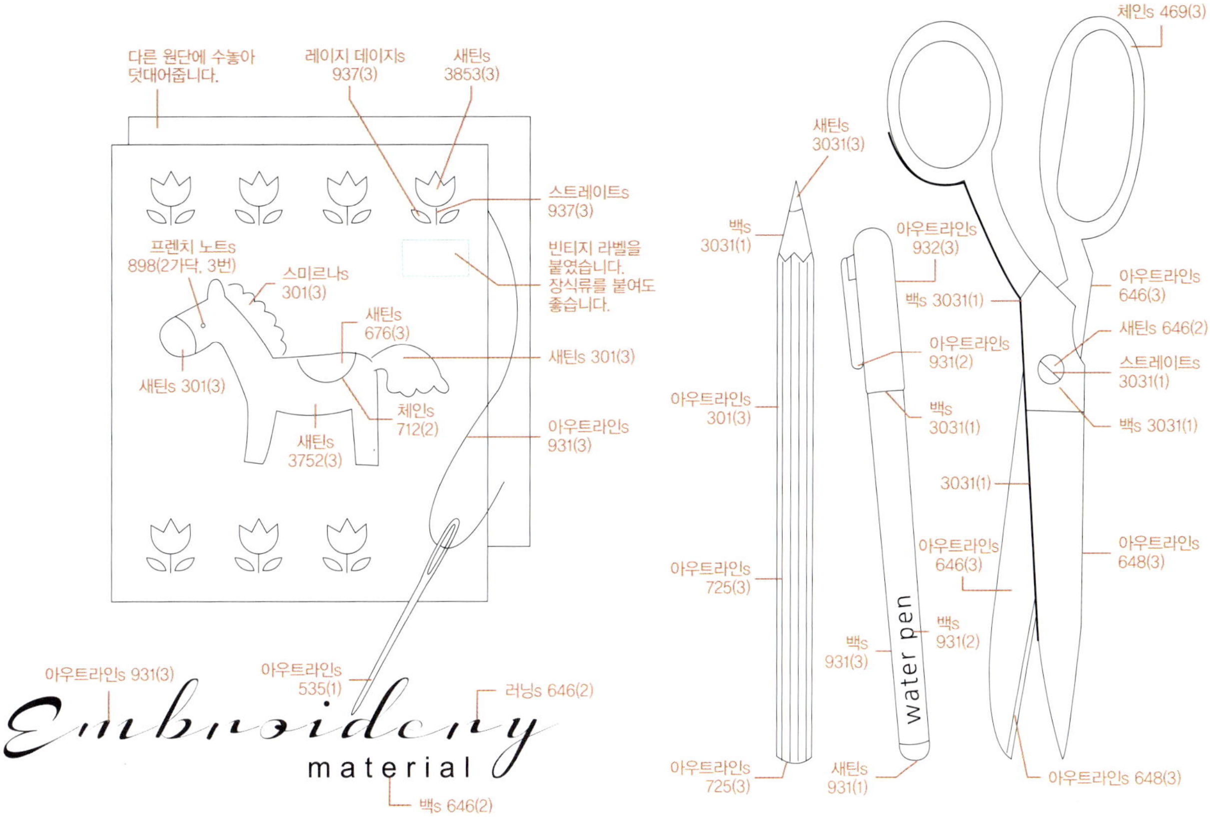

다른 원단에 수놓아
덧대어줍니다.

레이지 데이지s
937(3)

새틴s
3853(3)

체인s 469(3)

새틴s
3031(3)

스트레이트s
937(3)

빈티지 라벨을
붙였습니다.
장식류를 붙여도
좋습니다.

백s
3031(1)

아우트라인s
932(3)

백 3031(1)

아우트라인s
646(3)

프렌치 노트s
898(2가닥, 3번)

스미르나
301(3)

새틴s
676(3)

새틴s 301(3)

아우트라인s
931(2)

새틴s 646(2)

스트레이트s
3031(1)

백s 301(3)

새틴s 301(3)

체인s
712(2)

아우트라인s
931(3)

백s
3031(1)

백 3031(1)

새틴s
3752(3)

아우트라인s
301(3)

3031(1)

아우트라인s
646(3)

아우트라인s
648(3)

아우트라인s
725(3)

아우트라인s 931(3)

아우트라인s
535(1)

러닝s 646(2)

Embroidery
material

백s 646(2)

백s
931(3)

새틴s
931(1)

백s
931(2)

water pen

아우트라인s
725(3)

새틴s
931(1)

아우트라인s 648(3)

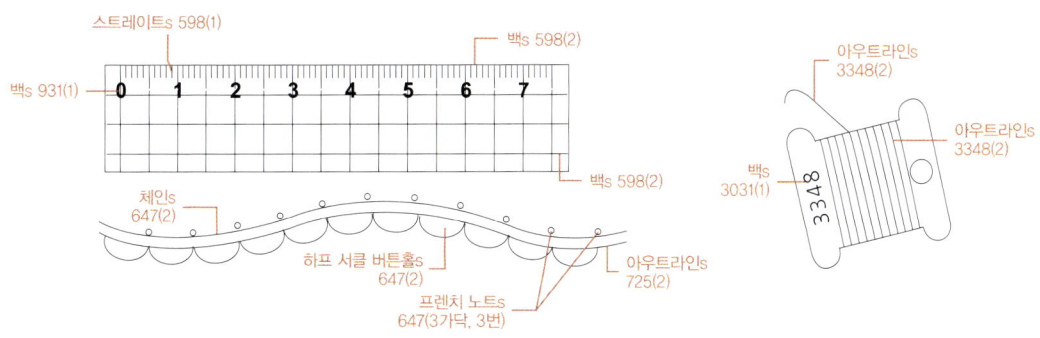

스트레이트s 598(1)

백s 598(2)

아우트라인s
3348(2)

백s 931(1)

0 1 2 3 4 5 6 7

백s 598(2)

아우트라인s
3348(2)

체인s
647(2)

백s
3031(1)

3348

하프 서클 버튼홀s
647(2)

아우트라인s
725(2)

프렌치 노트s
647(3가닥, 3번)

K. Blue's Embroidery 14
코끼리

자수 준비

사용한 실   DMC 25번사 white, 349, 471, 522, 725, 760, 818, 898, 922, 3046, 3047, 3347, 3348, 3755, 3855

사용한 스티치   레이지 데이지 스티치, 새틴 스티치, 스트레이트 스티치, 아웃라인 스티치, 프렌치 노트 스티치, 프리 스티치, 플라이 스티치

사용한 패브릭   11수 아이보리 린넨

★도안 별지

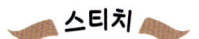
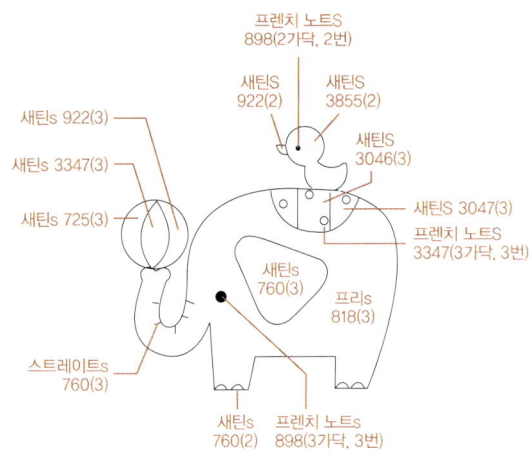

프렌치 노트S
898(2가닥, 2번)

새틴S
922(2)

새틴S
3855(2)

새틴S
3046(3)

새틴s 922(3)

새틴s 3347(3)

새틴s 725(3)

새틴S 3047(3)
프렌치 노트S
3347(3가닥, 3번)

새틴S
760(3)

프리S
818(3)

스트레이트S
760(3)

새틴S
760(2)

프렌치 노트S
898(3가닥, 3번)

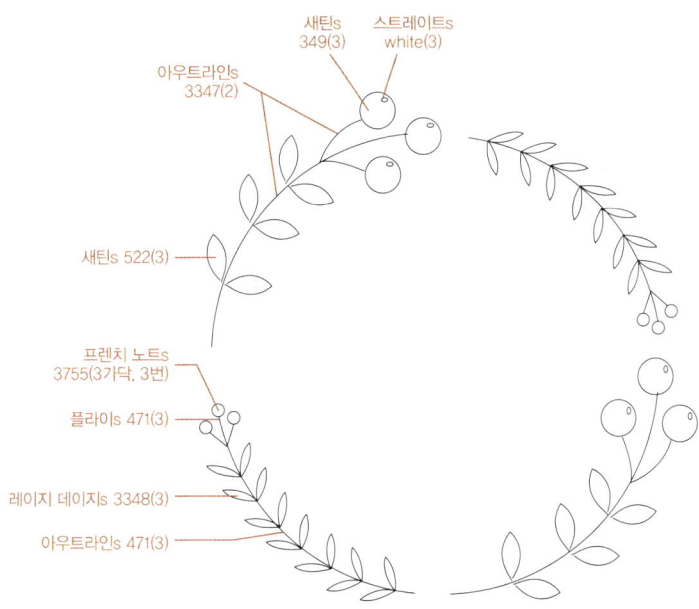

새틴S
349(3)

스트레이트S
white(3)

아웃라인S
3347(2)

새틴S 522(3)

프렌치 노트S
3755(3가닥, 3번)

플라이s 471(3)

레이지 데이지s 3348(3)

아웃라인s 471(3)

K. Blue's Embroidery 15
오월의 어느 날

자수 준비

사용한 실   DMC 25번사 ecru, white, 163, 167, 225, 316, 349, 356, 433, 472, 519, 523, 524, 535, 610, 712, 743, 744, 753, 799, 819, 922, 936, 987, 989, 3013, 3031, 3052, 3345, 3346, 3347, 3348, 3363, 3760, 3773, 3841, 3854, 3855, 3862, 3864

사용한 스티치   다닝 스티치, 러닝 스티치, 레이지 데이지 스티치, 백 스티치, 버튼홀 스티치, 불리온 노트 스티치, 불리온 스티치, 새틴 스티치, 스트레이트 스티치, 스파이더 웹 로즈 스티치, 스플릿 백 스티치, 아웃라인 스티치, 체인 스티치, 캐스트 온 스티치, 크로스 스티치, 프렌치 노트 스티치, 프리 스티치, 플라이 스티치, 플랫 스티치

사용한 패브릭   11수 아이보리 린넨

기타 재료   모쿠바 리본 348번 3.5mm

★도안 별지

스티치

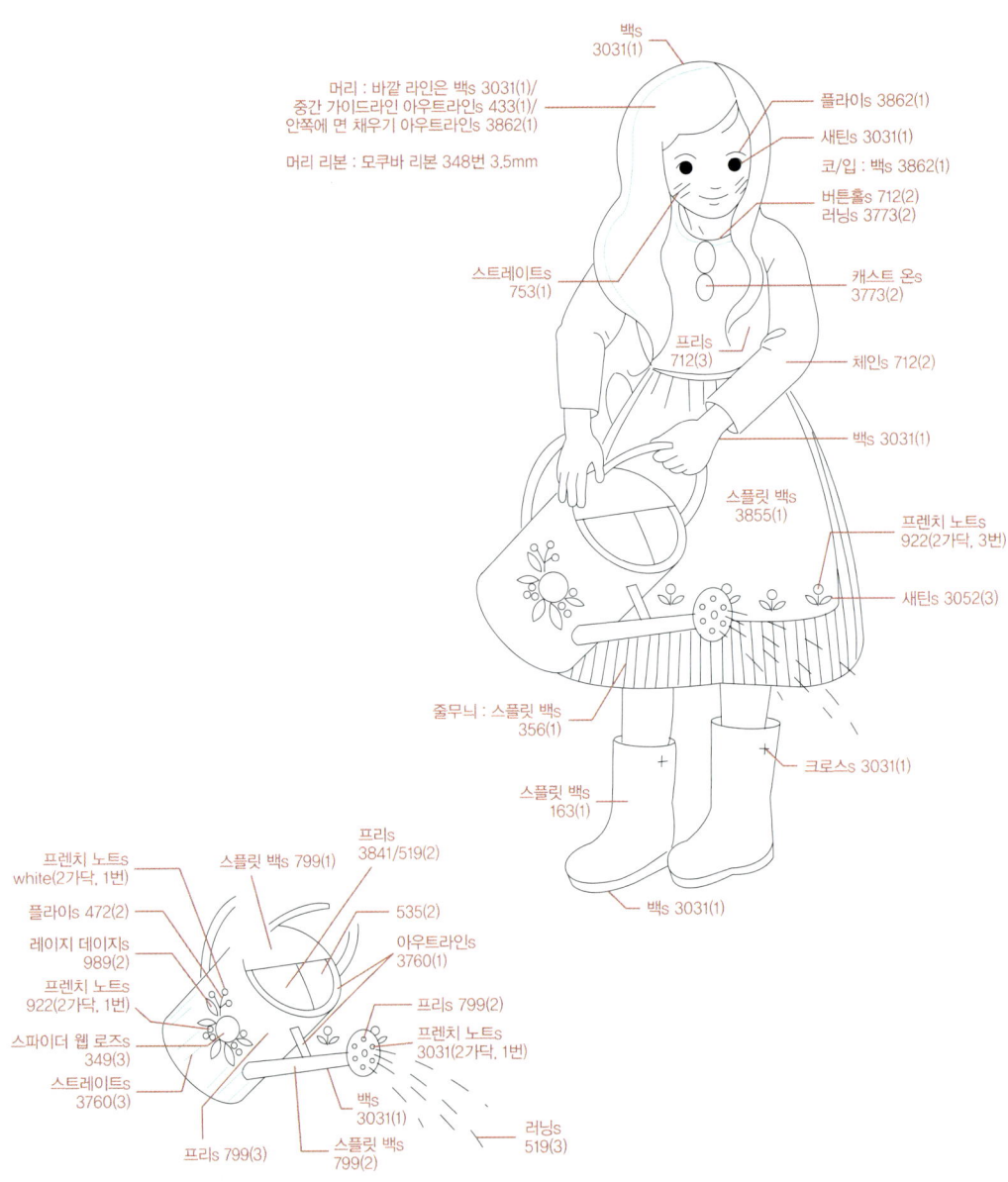

백s
3031(1)

머리 : 바깥 라인은 백s 3031(1)/
중간 가이드라인 아웃트라인s 433(1)/
안쪽에 면 채우기 아웃트라인s 3862(1)

머리 리본 : 모쿠바 리본 348번 3.5mm

플라이s 3862(1)

새틴s 3031(1)

코/입 : 백s 3862(1)

버튼홀s 712(2)
러닝s 3773(2)

스트레이트s
753(1)

캐스트 온s
3773(2)

프리s
712(3)

체인s 712(2)

백s 3031(1)

스플릿 백s
3855(1)

프렌치 노트s
922(2가닥, 3번)

새틴s 3052(3)

줄무늬 : 스플릿 백s
356(1)

스플릿 백s
163(1)

크로스s 3031(1)

백s 3031(1)

프렌치 노트s
white(2가닥, 1번)

스플릿 백s 799(1)

프리s
3841/519(2)

플라이s 472(2)

535(2)

레이지 데이지s
989(2)

아웃트라인s
3760(1)

프렌치 노트s
922(2가닥, 1번)

프리s 799(2)

스파이더 웹 로즈s
349(3)

프렌치 노트s
3031(2가닥, 1번)

스트레이트s
3760(3)

백s
3031(1)

프리s 799(3)

스플릿 백s
799(2)

러닝s
519(3)

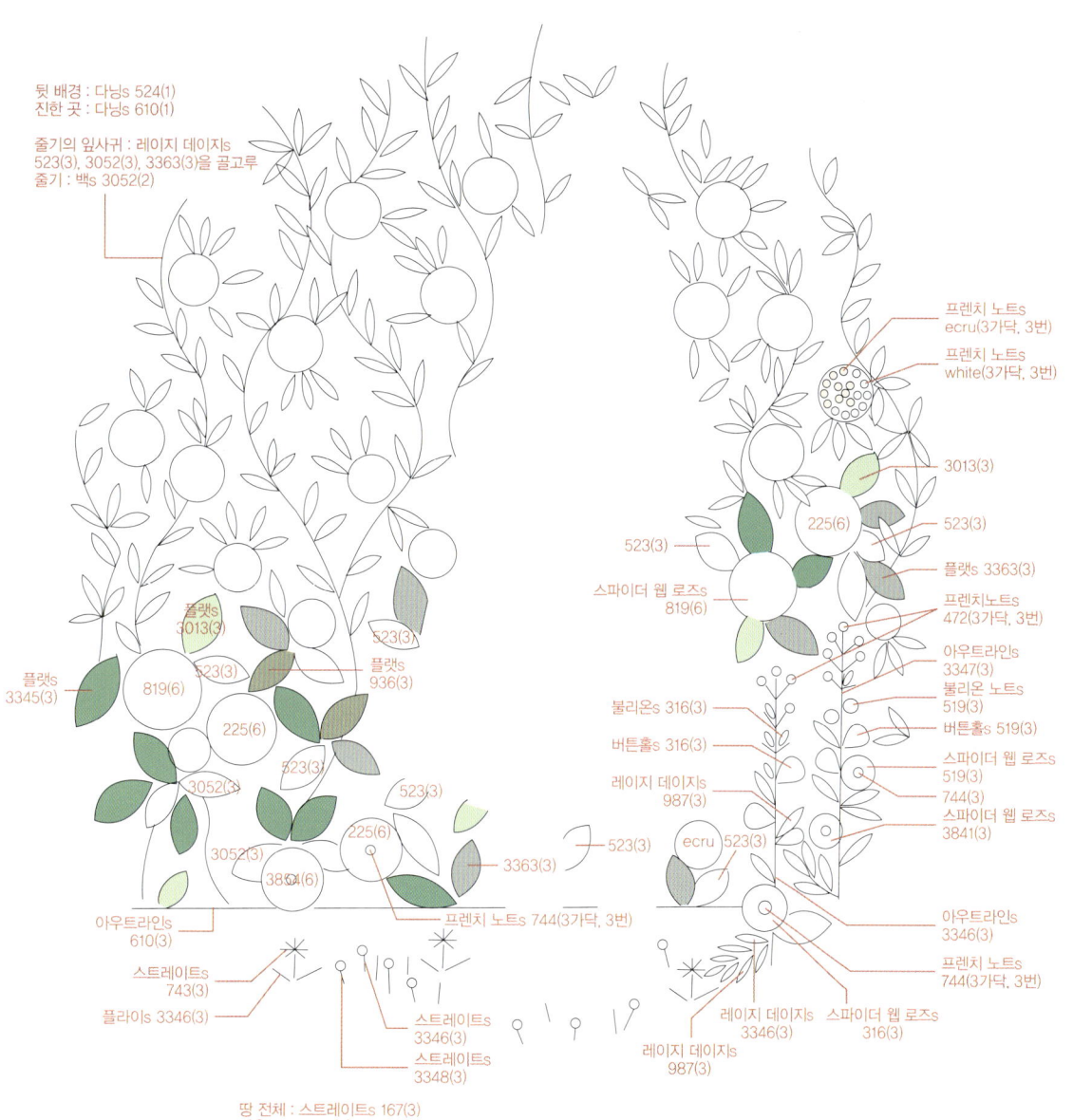

뒷 배경 : 다닝s 524(1)
진한 곳 : 다닝s 610(1)

줄기의 잎사귀 : 레이지 데이지s
523(3), 3052(3), 3363(3)을 골고루
줄기 : 백s 3052(2)

프렌치 노트s
ecru(3가닥, 3번)

프렌치 노트s
white(3가닥, 3번)

3013(3)

523(3)

225(6)

523(3)

플랫 3363(3)

스파이더 웹 로즈s
819(6)

프렌치노트s
472(3가닥, 3번)

아우트라인s
3347(3)

플랫s
3013(3)

불리온 노트s
316(3)

불리온 노트s
519(3)

버튼홀 519(3)

플랫s
3345(3)

819(6)

523(3)

플랫s
936(3)

버튼홀s 316(3)

스파이더 웹 로즈s
519(3)

225(6)

레이지 데이지s
987(3)

744(3)

523(3)

523(3)

스파이더 웹 로즈s
3841(3)

3052(3)

ecru 523(3)

3363(3)

523(3)

3052(3)

225(6)

385(6)

아우트라인s
3346(3)

아우트라인s
610(3)

프렌치 노트s 744(3가닥, 3번)

프렌치 노트s
744(3가닥, 3번)

스트레이트s
743(3)

플라이s 3346(3)

스트레이트s
3346(3)

스트레이트s
3348(3)

레이지 데이지s
3346(3)

스파이더 웹 로즈s
316(3)

레이지 데이지s
987(3)

땅 전체 : 스트레이트s 167(3)
밝은 곳 : 3864(3)
진한 곳 : 433(3)

사용한 실　　DMC 25번사 white, 310, 312, 350, 370, 400, 422, 434, 435, 436,
535, 564, 580, 610, 612, 645, 721, 725, 742, 758, 783, 898, 919,
920, 921, 922, 931, 932, 948, 3031, 3041, 3345, 3364, 3740, 3776,
3836, 3862
에뜨왈사 c ecru, c310, c444, c972, c3799

사용한 스티치　　백 스티치, 불리온 스티치, 새틴 스티치, 서클 버튼홀 스티치, 스트레이트
스티치, 스플릿 백 스티치, 아우트라인 스티치, 아우트라인 필링 스티치,
체인 스티치, 케이블 스티치, 크로스 스티치, 프렌치 노트 스티치, 프리
스티치, 플라이 스티치, 플랫 스티치, 피스틸 스티치, 하프 서클 버튼홀
스티치, 휘프트 체인 스티치

사용한 패브릭　　11수 진퍼플 린넨

기타 재료　　장식용 비즈

★도안 별지

144

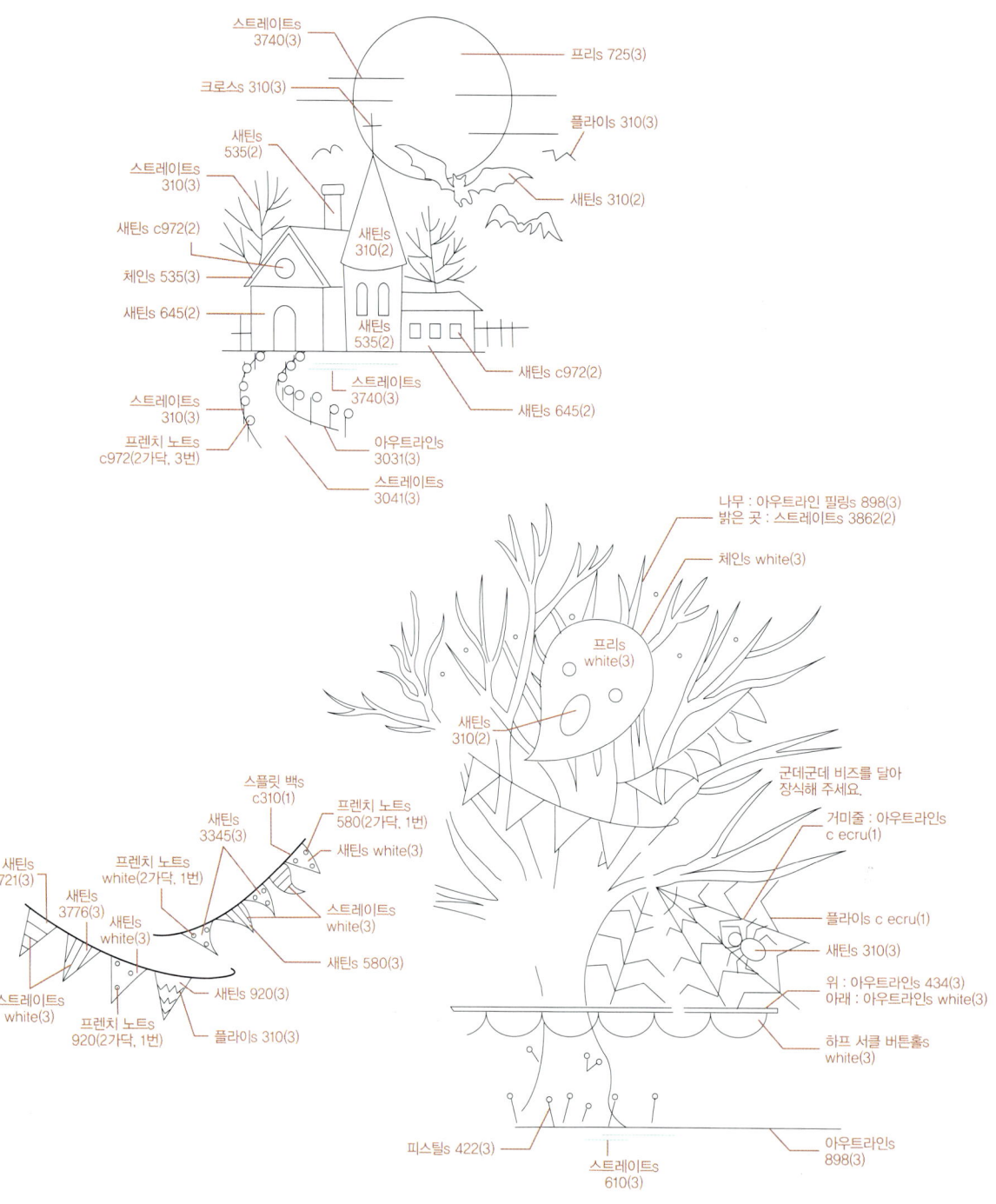

스트레이트s
3740(3)

크로스s 310(3)

프리s 725(3)

플라이s 310(3)

새틴s
535(2)

스트레이트s
310(3)

새틴s 310(2)

새틴s c972(2)

새틴s
310(2)

체인s 535(3)

새틴s 645(2)

새틴s
535(2)

새틴s c972(2)

스트레이트s
310(3)

스트레이트s
3740(3)

새틴s 645(2)

프렌치 노트s
c972(2가닥, 3번)

아웃라인s
3031(3)

스트레이트s
3041(3)

나무 : 아웃라인 필링s 898(3)
밝은 곳 : 스트레이트s 3862(2)

체인s white(3)

프리s
white(3)

새틴s
310(2)

군데군데 비즈를 달아
장식해 주세요.

거미줄 : 아웃라인s
c ecru(1)

스플릿 백s
c310(1)

프렌치 노트s
580(2가닥, 1번)

새틴s
3345(3)

새틴s white(3)

프렌치 노트s
white(2가닥, 1번)

플라이s c ecru(1)

새틴s
721(3)

새틴s
3776(3)

새틴s
white(3)

스트레이트s
white(3)

새틴s 310(3)

위 : 아웃라인s 434(3)
아래 : 아웃라인s white(3)

새틴s 580(3)

새틴s 920(3)

스트레이트s
white(3)

프렌치 노트s
920(2가닥, 1번)

플라이s 310(3)

하프 서클 버튼홀s
white(3)

피스틸s 422(3)

스트레이트s
610(3)

아웃라인s
898(3)

프렌치 노트s
white(3가닥, 3번)

휘프트 체인s
white(3)

프렌치 노트s
920(3가닥, 3번)

새틴s
920(3)

새틴s
922(3)

새틴s
white(3)

크로스s
922(3)

플라이s
310(3)

새틴s 310(3)

케이블s
310(3)

휘프트 체인s
422(4)

케이블s 434(6)

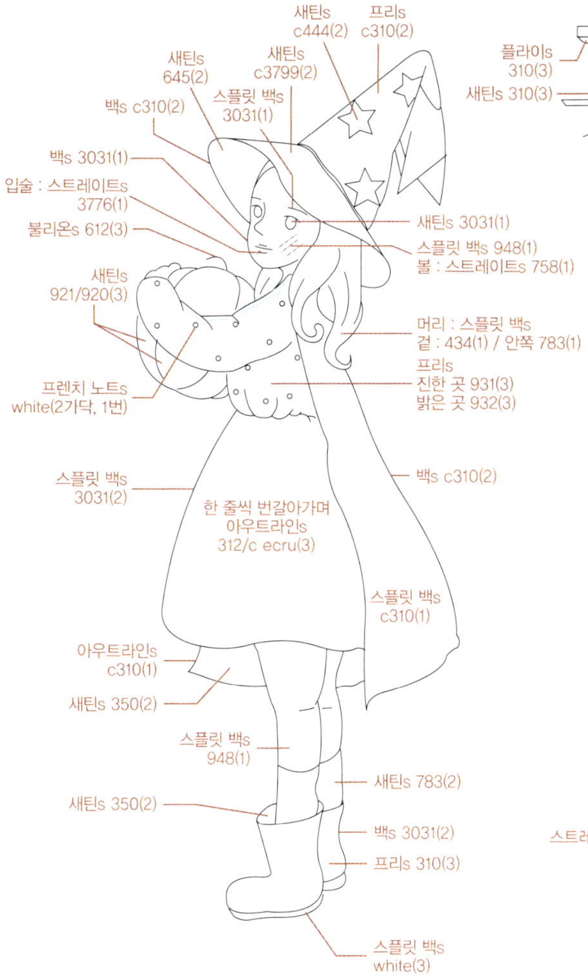

새틴s
645(2)

새틴s
c444(2)

프리s
c310(2)

백s c310(2)

새틴s
c3799(2)

스플릿 백s
3031(1)

백s 3031(1)

입술 : 스트레이트s
3776(1)

불리온s 612(3)

새틴s
921/920(3)

프렌치 노트s
white(2가닥, 1번)

스플릿 백s
3031(2)

새틴s 3031(1)

스플릿 백s 948(1)
볼 : 스트레이트s 758(1)

머리 : 스플릿 백s
겉 : 434(1) / 안쪽 783(1)
프리s
진한 곳 931(3)
밝은 곳 932(3)

백s c310(2)

한 줄씩 번갈아가며
아우트라인s
312/c ecru(3)

스플릿 백s
c310(1)

아우트라인s
c310(1)

새틴s 350(2)

스플릿 백s
948(1)

새틴s 350(2)

새틴s 783(2)

백s 3031(2)

프리s 310(3)

스플릿 백s
white(3)

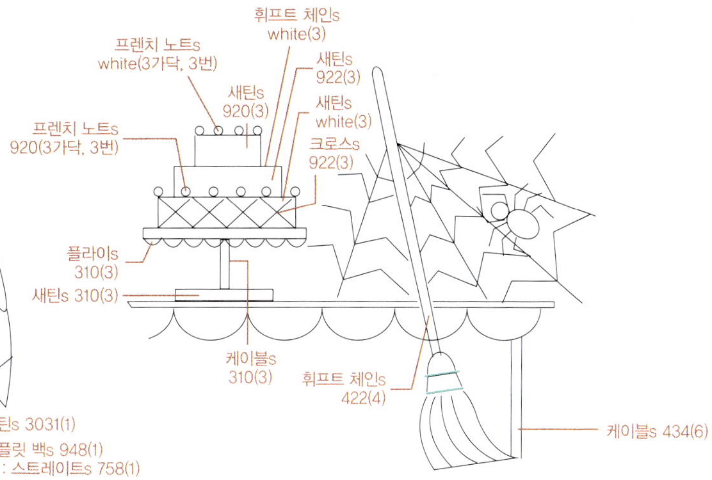

빗자루
(p148 빗자루 만드는 방법 참고)

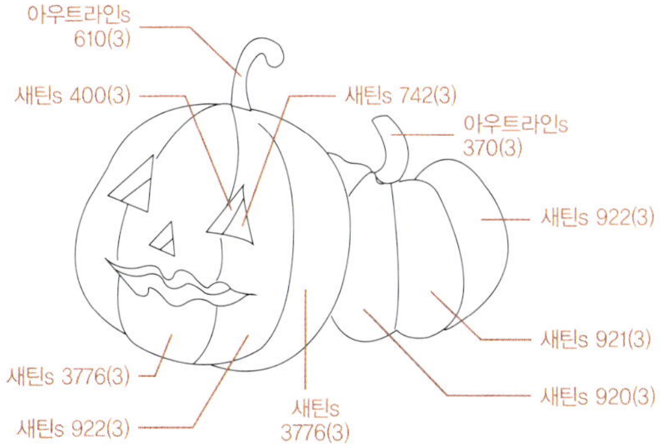

스트레이트s
920(3)

백s 920(3)

436

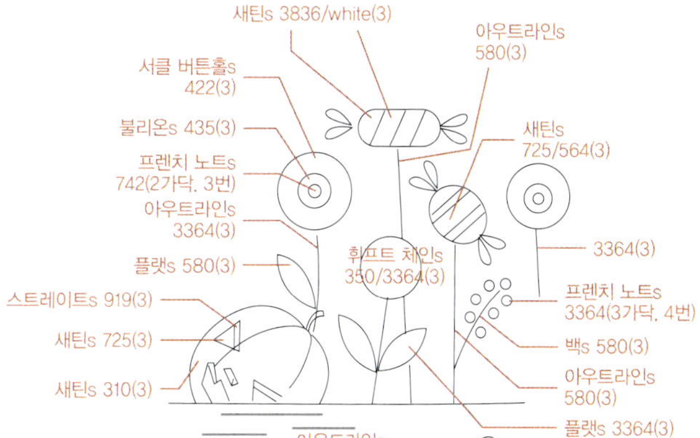

새틴s 3836/white(3)

아우트라인s
580(3)

서클 버튼홀s
422(3)

불리온s 435(3)

프렌치 노트s
742(2가닥, 3번)

아우트라인s
3364(3)

새틴s
725/564(3)

플랫 580(3)

휘프트 체인s
350/3364(3)

3364(3)

스트레이트s 919(3)

프렌치 노트s
3364(3가닥, 4번)

새틴s 725(3)

백s 580(3)

새틴s 310(3)

아우트라인s
580(3)

아우트라인s
612(3)

플랫 3364(3)

아우트라인s
610(3)

새틴s 400(3)

새틴s 742(3)

아우트라인s
370(3)

새틴s 921(3)

스트레이트s 919(3)

새틴s 742(3)

새틴s 922(3)

새틴s 921(3)

새틴s 3776(3)

새틴s 3776(3)

새틴s 922(3)

새틴s
3776(3)

새틴s 920(3)

147

빗자루 만드는 방법

 ❶

 ❷

 ❸

 ❹

 ❺

 ❻

hedgehog

고슴도치의 산책

자수 준비

사용한 실	DMC 25번사 ecru, white, 349, 469, 543, 743, 801, 898, 932, 936, 3345, 3371, 3752, 3790, 3829, 3854, 3862, 3864 울사 w354, w355, w603, w605, w842, w964, w992
사용한 스티치	그라니토스 스티치, 레이지 데이지 스티치, 레이즈드 리프 스티치, 롤 플라워 스티치, 백 스티치, 불리온 노트 스티치, 새틴 스티치, 스트레이트 스티치, 스파이더 웹 로즈 스티치, 아웃라인 스티치, 카우칭 스티치, 페더 스티치, 프렌치 노트 스티치, 프리 스티치, 플랫 스티치
사용한 패브릭	11수 내추럴 린넨
★도안 별지	

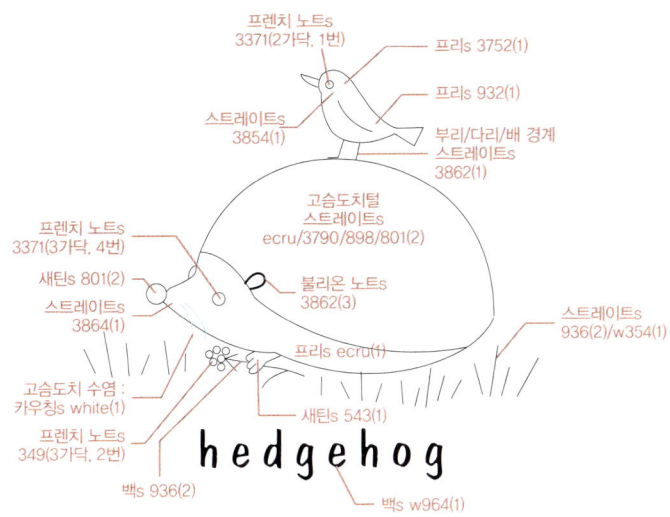

프렌치 노트s
3371(2가닥, 1번)

프리s 3752(1)

프리s 932(1)

스트레이트s
3854(1)

부리/다리/배 경계
스트레이트s
3862(1)

프렌치 노트s
3371(3가닥, 4번)

고슴도치털
스트레이트s
ecru/3790/898/801(2)

불리온 노트s
3862(3)

새틴s 801(2)

스트레이트s
3864(1)

프리s ecru(1)

스트레이트s
936(2)/w354(1)

고슴도치 수염 :
카우칭s white(1)

프렌치 노트s
349(3가닥, 2번)

새틴s 543(1)

백s 936(2)

hedgehog

백s w964(1)

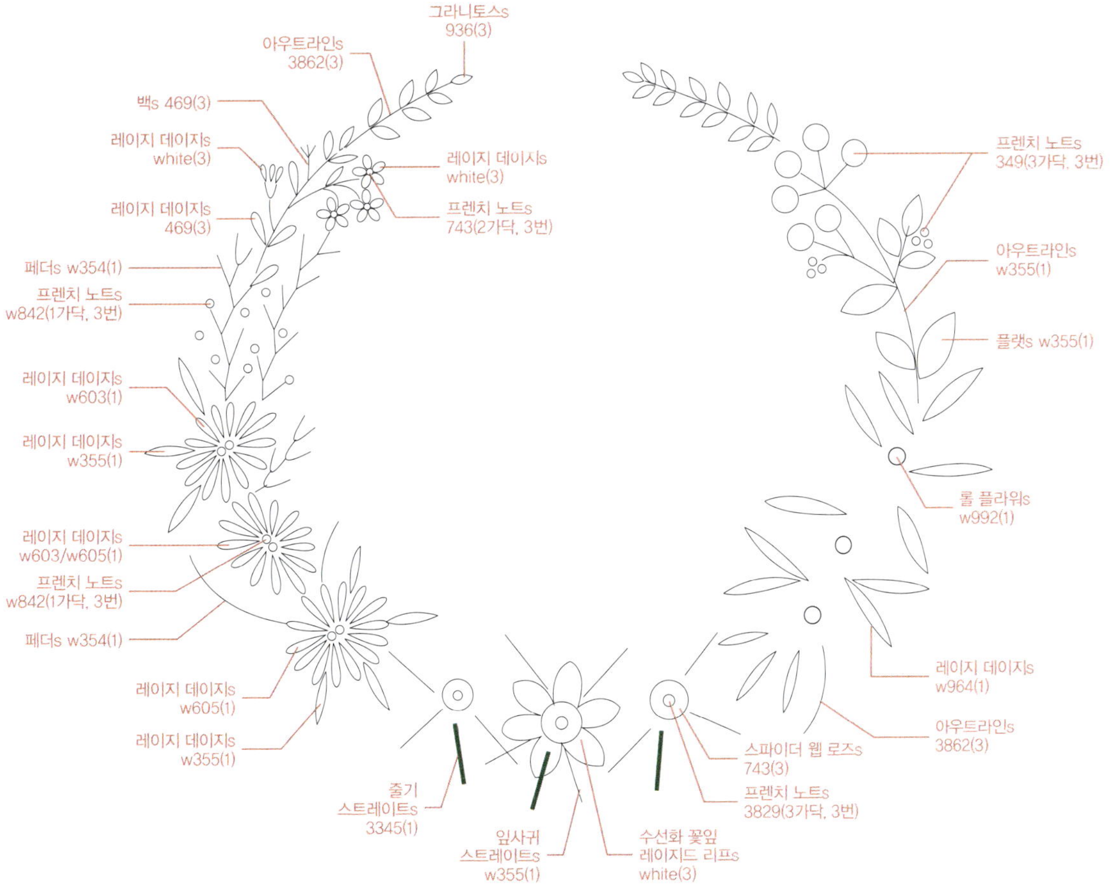

그라니토스s
936(3)

아우트라인s
3862(3)

백s 469(3)

레이지 데이지s
white(3)

레이지 데이지s
469(3)

레이지 데이지s
white(3)

프렌치 노트s
743(2가닥, 3번)

프렌치 노트s
349(3가닥, 3번)

아우트라인s
w355(1)

플랫s w355(1)

페더s w354(1)

프렌치 노트s
w842(1가닥, 3번)

레이지 데이지s
w603(1)

레이지 데이지s
w355(1)

롤 플라워s
w992(1)

레이지 데이지s
w603/w605(1)

프렌치 노트s
w842(1가닥, 3번)

페더s w354(1)

레이지 데이지s
w605(1)

레이지 데이지s
w355(1)

레이지 데이지s
w964(1)

아우트라인s
3862(3)

줄기
스트레이트s
3345(1)

잎사귀
스트레이트s
w355(1)

수선화 꽃잎
레이지드 리프s
white(3)

스파이더 웹 로즈s
743(3)

프렌치 노트s
3829(3가닥, 3번)

153

고슴도치 수놓는 과정

🧵 K.Blue's Embroidery

케이블루의 두 번째
동화 같은 자수 이야기

초판 1쇄 발행 2021년 4월 15일
초판 2쇄 발행 2022년 10월 10일

지은이 김소영
펴낸이 이지은 **펴낸곳** 팜파스
기획 · 진행 이진아 **편집** 정은아
디자인 조성미
마케팅 김민경, 김서희

출판등록 2002년 12월 30일 제10-2536호
주소 서울시 마포구 어울마당로5길 18 팜파스빌딩 2층
대표전화 02-335-3681 **팩스** 02-335-3743
홈페이지 www.pampasbook.com | blog.naver.com/pampasbook
페이스북 www.facebook.com/pampasbook2018
인스타그램 www.instagram.com/pampasbook
이메일 pampas@pampasbook.com

값 18,000원
ISBN 979-11-7026-400-2 (13590)